Bridget Plass
Er steht auf deiner Seite

Bridget Plass

Er steht auf deiner Seite

Eine Entdeckungsreise
zum Vaterherzen Gottes

Aus dem Englischen
von Christian Rendel

Die Deutsche Bibliothek – CIP-Einheitsaufnahme

Plass, Bridget:

Er steht auf deiner Seite : eine Entdeckungsreise zum Vaterherzen Gottes / Bridget
Plass. Aus dem Engl. von Christian Rendel. – 1. Aufl. – Moers : Brendow, 1997
(Edition C : C ; 503)
Einheitssacht.: The Apple of His Eye <dt.>
ISBN 3-87067-697-3

ISBN 3-87067-697-3
Edition C, C 503
© 1997 by Brendow Verlag, D-47443 Moers
Text copyright © 1996 Bridget Plass.
Original edition published in English under the title
»The Apple of His Eye« by The Bible Reading Fellowship, Oxford, England.
Copyright © 1996 The Bible Reading Fellowship
Die im Text enthaltenen Bibelzitate stammen sämtlich aus der Übersetzung
von Martin Luther in der revidierten Fassung von 1984 (Dt. Bibelgesell-
schaft, Stuttgart).
Einbandgestaltung: Kortüm + Georg, Agentur für Kommunikationsdesign,
Münster (Westfalen)
Titelfoto: Mauritius/Superstock
Satz: Convertex, Aachen
Druck und Bindung: Clausen & Bosse, Leck
Printed in Germany

*Dieses Buch ist in Liebe meiner Mutter und meinem
Vater zugeeignet und ebenso Matt, Joe, David und Katy*

Inhalt

Vorwort

Bevor Sie Gelegenheit bekommen, sich der ersten Seite von *Er steht auf deiner Seite* zuzuwenden – meinem ersten Buch –, möchte ich sagen, daß ich mich nur mit einigem Zittern bereit erklärt habe, es zu schreiben. Mir ist nur zu bewußt, daß ich keine professionelle Schriftstellerin bin – und ebenso, daß mein Mann Adrian sehr wohl ein professioneller Schriftsteller ist! Dennoch habe ich schon seit Jahren gern die Botschaft der Bibel in Form von Andachten und Predigten weitergegeben, und seit Adrian und ich immer weiter in der Welt herumkommen, erstaunt es mich immer wieder, daß viele Leute in der Gemeinde Jesu die beste Wahrheit von allen zu übersehen scheinen: die Wahrheit, daß sie wirklich und wahrhaftig Gottes Kinder sind und daß Gott seine helle Freude an ihnen hat. Nicht auf irgendeine beiläufige, gleichgültige Art, nicht wie bei einem formellen Händedruck auf Armeslänge, sondern extravagant und überschwenglich; so, wie wir alle von unseren Eltern geliebt werden wollen, und wie unsere Kinder, wenn wir welche haben, von uns geliebt werden wollen.

Auf den folgenden Seiten möchte ich Sie einladen, mit mir einige Aspekte dieser Liebe zu erkunden, insbesondere im Lichte dessen, was Jesus uns über seinen Vater mitgeteilt hat. Wir werden einige Ereignisse, die sich während der letzten Wochen im Leben Jesu hier auf der Erde zutrugen, und Gottes liebevollen Plan im Leben einiger seiner Kinder betrachten. Ich hoffe auch, Sie werden mit mir Jesus selbst auf dem Weg begleiten, den er einschlug, als er entschlossen sein Angesicht Jerusalem und seinem Tod zuwandte.

Dies wird eine ganz persönliche Interpretation sein. Auch mit der größten Phantasie kann man mich nicht als Theologin bezeichnen. Doch meine Hoffnung ist es, daß Sie durch diese Andachten einen Blick darauf erhaschen, was es heißt, daß Gott auf Ihrer Seite steht.

Bridget Plass

»Ach, und bevor ich gehe ...«

Kennen Sie das, wenn Sie einen Ort verlassen und ständig an dringende Botschaften denken, die Sie zurücklassen wollen? Botschaften wie »Ach, und vergiß nicht ...« an die Leute, die zu Hause oder bei der Arbeit zurückbleiben. Und wie Sie diese Botschaften immer wieder vor sich hinsagen, weil Sie in Gedanken so abgelenkt sind? Und jedesmal, wenn Ihnen etwas einfällt, kommt es Ihnen so lebenswichtig vor, daß Sie es einfach noch einmal sagen müssen?

Nun, so scheint es mir auch Jesus ergangen zu sein in der Zeit, bevor er sich zu seiner Hinrichtung führen ließ. Nur betrafen seine dringenden Botschaften nicht den Milchmann oder die Steuererklärung. Sie hatten alle mit Gott zu tun. »Habe ich euch schon gesagt, daß er euer Vater ist? ... Ach, und vergeßt nicht, daß er möchte, daß ihr ihn Vater nennt. ... Ihr müßt unbedingt daran denken, daß er euch wie ein Vater liebt. ... Er liebt euch so, wie ich es tue. ... Wenn ihr mich gesehen habt, habt ihr den Vater gesehen. ... Ach, und vergeßt nicht, er ...«

Wußten Sie, daß Johannes in den Kapiteln vierzehn bis siebzehn seines Berichtes über die letzten Wochen im Leben Jesu neunundreißigmal das Wort »Vater« benutzt?

Wegen des Gefühls der Dringlichkeit, das Jesus in dieser emotional aufgeladenen Zeit empfand, erschien es mir naheliegend, diese Andachten zu eröffnen, indem wir uns auf einige der verblüffenden Tatsachen in bezug auf Gott, unseren Vater, konzentrieren, die seine Kinder durch die ganze Bibel hindurch nach und nach entdeckt haben.

Wenden Sie sich direkt an den Hersteller

Psalm 139,13–16

Denn du hast meine Nieren bereitet
und hast mich gebildet im Mutterleibe.
Ich danke dir dafür,
daß ich wunderbar gemacht bin;
wunderbar sind deine Werke;
das erkennt meine Seele.
Es war dir mein Gebein nicht verborgen,
als ich im Verborgenen gemacht wurde,
als ich gebildet wurde unten in der Erde.
Deine Augen sahen mich,
als ich noch nicht bereitet war.

Ich weiß nicht, ob Sie schon einmal Gelegenheit hatten, ein Foto von einer Ultraschallaufnahme eines menschlichen Fötus in einem frühen Entwicklungsstadium zu sehen. Ich finde, das ist eines der wunderbarsten Dinge, die ich je gesehen habe. Ein kleiner, knubbeliger Klumpen, der all die komplexen Strukturen dieses kleinen Meisterstückes Gottes enthält. Die Biologiebücher, die heute in den Schulen verwendet werden, enthalten allesamt Bilder des sich entwickelnden Embryos. Meine Lieblingsaufnahme ist ein Foto eines achtzehn Wochen alten Embryos, der deutlich sichtbar an seinem winzigen Daumen lutscht. Haben Sie es gesehen? Es ist wunderschön und scheint voller Geheimnisse zu sein. Welche Farbe haben diese Augen, die im Moment noch von einer empfindlichen rosa Haut überzogen sind? Ist es ein Junge oder ein Mädchen? Wird es große Füße haben wie Oma, oder wird es die Nase des Großonkels bekommen?

Da ich vier Kinder habe, die jedes über eine ganz eigene Persönlichkeit verfügen, interessiert mich besonders eine weitere unbekannte Eigenschaft. Welche Persönlichkeit wird es haben? Wird es ein explosives Temperament haben? Was für Dinge werden es zum Lachen bringen? Wie wird es instinktiv mit Trauer umgehen? Was wird seine größte Schwäche und was seine besondere Gabe sein? Gott weiß es. Das meine ich wörtlich! Er kennt jede Einzelheit dieses werdenden Wesens, und er liebt es, wie uns gesagt wird, mehr, als es jede Mutter könnte.

Ich könnte auch nicht ansatzweise erklären, warum manche dieser winzigen Wunder schon in diesem Stadium den Keim zukünftigen Leides in sich tragen, irgendeine körperliche oder geistige Behinderung, die das Leben für sie so viel schwieriger machen wird als für die meisten von uns.

Das einzige, was ich zuversichtlich weitergeben kann, ist etwas, das mir eine Freundin einmal sagte. Ihr Name ist Hilary McDowell, und sie wurde mit einer gewaltigen Persönlichkeit geboren, aber auch mit vielfachen Schädigungen an ihrem winzigen Körper. Es waren die Entschlossenheit, die Liebe und der Glaube ihrer Familie, die ihr halfen, das erste zu entwickeln und das zweite so weit zu überwinden, daß sie ein erfülltes Leben führen kann.

Wir lernten uns in Carberry House kennen, einem christlichen Tagungs- und Freizeitzentrum in Schottland. Zwischen ihrem Performance-Lyrik-Abend, ihren Tanz-Workshops für Jugendliche und ihren seelsorgerlichen Gesprächen, die sie als Diakonin führte, fanden wir reichlich Gelegenheit für den einen oder anderen kleinen Schwatz.

Sie erzählte mir davon, daß es ihr manchmal sehr, sehr schwer fällt, morgens aufzustehen. Einem Tag voller schmerzhafter körperlicher Anstrengung entgegenzusehen, erfordert jeden Tag eine Dosis Mut, die ihr gelegentlich um sieben Uhr morgens nicht zur Verfügung steht. An solchen Tagen, sagt sie, muß sie das kleine Gedicht lesen, das sie sich in ihrem Schlafzimmer an den Spiegel gesteckt hat. Es ist das kürzeste Gedicht, das sie je geschrieben hat, und es ist in ihrem faszinierenden ersten Buch *Some Day I'm Going To Fly* enthalten. Es lautet folgendermaßen:

»Bei Beschwerden bezüglich dieses Modells wenden Sie sich direkt an den Hersteller!«

Das ist alles. Eine winzige Aussage, die den Kern des Geheimnisses enthält, warum wir so sind, wie wir sind. So einfach und doch komplex wie ein Embryo.

Viele von uns mögen sich selbst einfach nicht. Wir schauen in den Spiegel, und was wir da sehen oder was sich, wie wir wissen, im Innern befindet, gefällt uns nicht. Das hemmt unsere Fröhlichkeit, ruiniert unsere Beziehung zu Gott und taucht immer wieder auf wie der sprichwörtliche falsche Fünfziger, um uns daran zu hindern, nach vorn zu gehen. Also reden Sie mit Gott darüber. Sagen Sie ihm, daß Sie heute nicht damit fertig werden, wie voll Sie die Nase haben und wie unglücklich Sie sind. Gehen Sie mit Ihren Beschwerden zu ihm. Er hat Sie gemacht, und er allein ist in der Lage, Ihre Fragen zu beantworten. Und vergessen Sie nicht: Er ist es, der Sie schon am längsten liebt!

Gebet

Lieber Vater,

hier bin ich, dein Kind, dein erwachsenes Baby. Manchmal mag ich mich selbst nicht besonders, manchmal werde ich mit meinem Leben nicht fertig. Manchmal möchte ich aufgeben. Manchmal ist es mir fast zu schwer, morgens aufzustehen und mich dem Tag zu stellen. Manchmal hasse ich dich dafür, daß du das nicht in Ordnung bringst, daß du die Dinge zuläßt, die mich so gemacht haben, wie ich bin. Liebe mich durch alles hindurch, mein lieber Vater, und hilf mir, mich selbst so zu sehen, wie du mich siehst. Amen.

Ich bin hier, Gott!

Psalm 17,6–9

Ich rufe zu dir, denn du, Gott, wirst mich erhören;
neige deine Ohren zu mir, höre meine Rede!
Beweise deine wunderbare Güte, du Heiland derer,
die dir vertrauen gegenüber denen, die sich gegen deine
rechte Hand erheben.
Behüte mich wie einen Augapfel im Auge,
beschirme mich unter dem Schatten deiner Flügel
vor den Gottlosen, die mir Gewalt antun,
vor meinen Feinden, die mir von allen Seiten
nach dem Leben trachten.

Ich hatte einen sehr niedergeschlagenen Anruf von Adrian erhalten. Er hatte gerade zum ersten Mal in Deutschland gesprochen, mit Hilfe eines Übersetzers, und es war sehr schwierig gewesen. Trotz all der überwältigenden Gastfreundschaft, und obwohl die Tour gut gelaufen war, hatte er sich sehr einsam gefühlt, weil er kein Wort Deutsch konnte. Er sehnte sich nach Hause. Also beschlossen die Kinder und ich, ihn zu überraschen und ihn am nächsten Tag vom Flughafen abzuholen.

Nun ist es nie so ganz einfach, Adrian eine derartige Überraschung zu bereiten, da er ein notorisch schlechter Organisator ist (wie ich auch), und es stellte sich heraus, daß er sich bei der Ankunftszeit seines Flugzeuges um mehrere Stunden vertan hatte. Aber das wußten wir natürlich nicht, und so verbrachten wir, nachdem wir im Morgengrauen aufgestanden waren, den größten Teil des Tages mit sehr wenig Geld und in immer gereizter werdender Stimmung auf dem Flughafen Heathrow. Als endlich die Nachricht kam, daß sein Flugzeug gelandet sei, waren wir alle ziemlich schlecht drauf!

Die beiden mittleren Jungs, die sich den ganzen Nachmittag über gekabbelt hatten, bekämpften sich nun erbittert, und da die Ankunftshalle in Heathrow kaum der geeignete Ort für einen hemdenzerreißenden Krieg zu sein schien, war ich sehr böse auf die beiden geworden.

Da ich weiß, wie leicht ich mich zu Übertreibungen hinreißen lasse, vermute ich, daß ich ihnen sagte, sie hätten nicht nur ihre gesamte Familie verraten, sondern auch ihre Königin, ihr Land, ja die ganze menschliche Rasse. Ich weiß nicht mehr genau, was ich gesagt habe. Doch ich erinnere mich noch an die Blässe der Scham, die sie zu zwei jämmerlichen, schniefenden Bündeln werden ließ, und an mein eigenes Gefühl, versagt zu haben.

Darum war es eine ziemliche Überraschung für mich, als ich sah, wie beide ganz unabhängig voneinander sich Plätze ganz vorn in der Menge suchten, als auf dem Bildschirm die Worte »Gepäck in der Halle« erschienen. Ich wußte, daß sie sich sehr schämten, und es hätte mich nicht erstaunt, wenn sie sich schmollend nach hinten verzogen hätten. Dann kam Adrian um die Ecke, und ich sah seine müden Augen aufleuchten, als er seine Söhne auf ihn warten sah. In diesem Sekundenbruchteil lernte ich etwas sehr Wichtiges.

Ich begegne so vielen Christen, die ihr Leben sozusagen »schmollend im Hintergrund« zubringen, und weil sie sich so sehr schämen für etwas, das sie getan haben, reden sie sich ein, daß Gott bestimmt nicht viel Wert darauf legt, sie zu sehen. Ich treffe auch ständig Leute, denen es schwerfällt zu beten, weil ihr Selbstwertgefühl so niedrig ist, daß sie sich eigentlich nicht vorstellen können, daß Gott ihnen überhaupt zuhören will.

Als ich sah, wie Adrian seine beiden völlig verdreckten Söhne auf einmal umarmte, wußte ich es besser.

Der Grund, warum wir, die wir unzulänglich sind, das Zutrauen haben sollten, im übertragenen Sinn ganz vorne in der Menge zu stehen und zu rufen: »Ich bin hier, Gott! Schau hierher, ich bin es!« hat nichts damit zu tun, was wir sind oder wie gut wir uns benehmen. Der Grund ist ganz einfach, daß er auf unserer Seite steht und unser Anblick ihm nun einmal Freude macht – weil er verrückt nach uns ist.

Gebet

Lieber Vater,

   bedeuten wir dir wirklich so viel? Kann es wirklich wahr sein, daß nichts uns von deiner Liebe trennen kann, was immer wir auch anstellen? Hilf uns, das zu glauben. Hilf uns, aufrecht zu stehen und auf deine Liebe zu vertrauen. Amen.

Himmlischer Leim

Jeremia 18,1–6

Dies ist das Wort, das geschah vom Herrn zu Jeremia: Mach dich auf und geh hinab in des Töpfers Haus; dort will ich dich meine Worte hören lassen.

Und ich ging hinab in des Töpfers Haus, und siehe, er arbeitete eben auf der Scheibe. Und der Topf, den er aus dem Ton machte, mißriet ihm unter den Händen. Da machte er einen andern Topf daraus, wie es ihm gefiel.

Da geschah des Herrn Wort zu mir: Kann ich nicht ebenso mit euch umgehen, ihr vom Hause Israel, wie dieser Töpfer? spricht der Herr. Siehe, wie der Ton in des Töpfers Hand, so seid auch ihr vom Hause Israel in meiner Hand.

Einer unserer besten Freunde hier am Ort ist ein Bauhandwerker und Dekorateur, der nebenbei eine kleine, aber sehr lebendige Gemeindegruppe leitet. Diese Kombination führt dazu, daß er es mit ganz unterschiedlichen Situationen zu tun hat, so daß wir interessiert aufhorchten, als sein kleiner Sohn eines Tages feierlich verkündete: »Ich weiß, was mein Papa macht!«

»Wirklich? Was macht er denn?« fragte Adrian.

»Er füllt Spalten aus«, erwiderte Tom mit beträchtlichem Stolz.

Ich hatte alle Hände voll zu tun, um mein Lachen zu unterdrükken. Da wir die große Bandbreite von Fähigkeiten kannten, die unser Freund braucht, um seine etwas ungewöhnliche Rolle zu erfüllen, hatten wir das Gefühl, daß die Beschreibung seines Sohnes ihm wohl kaum gerecht wurde. Glücklicherweise fand sein Papa das ebenfalls lustig und machte sich nur Sorgen darum, ob sein Sohn sich vielleicht lächerlich gemacht hatte, als er uns das sagte.

Dieser Abschnitt mit dem Töpfer hat mir im Lauf der Jahre eine Menge Probleme bereitet. Ich hatte immer Schwierigkeiten mit dem Gedanken, zerquetscht und neu modelliert zu werden; vielleicht, weil ich das starke Gefühl hatte, daß mein Gefäß so gründlich mißlungen sei, daß dies das einzige wäre, was damit noch anzufangen war! Infolgedessen habe ich eine Menge Zeit damit vergeudet, daß ich versuchte, mich selbst in aller Stille in die richtige Form zu bringen, nur um der Demütigung zu entgehen, daß Gott das tun mußte.

Außerdem hatte ich die Befürchtung, Gott könnte wollen, daß wir alle genau gleich sind. Bei manchen Gelegenheiten hat mich das in Panik versetzt. Die Vorstellung einer Reihe hübscher, vollkommener, identischer kleiner Gefäße, in der ich irgendwie der Außenseiter wäre, ist mir nicht unbekannt. In manchen Gemeinden habe ich Lehren zu hören bekommen, die mir dieses Gefühl vermittelt haben.

Drei Dinge haben mir sehr geholfen, besser zu verstehen, was dieses Bild bedeutet. Vielleicht helfen sie Ihnen ja auch.

Das erste war das oben geschilderte Gespräch. Je mehr ich darüber nachdachte, desto stärker wurde mein Eindruck, daß es ein bemerkenswertes Gleichnis für die Art war, wie Gott mit uns umzugehen beschlossen hat. Er ist der Meistertöpfer, und jeder von uns ist nur ein Fingerhut, den er geschaffen hat. Doch wir erfahren ihn als jemanden, der nicht beleidigt ist über unser begrenztes Verständnis, wie wunderbar er wirklich ist. Er kann das verkraften, weil er gewaltig ist und alles in der Hand hält, nicht wie eine launische Primadonna, die uns gegen die Wand schleudern würde, nur weil wir durch unseren Kontakt mit der Welt schmutzig oder unförmig geworden sind und irgendwie sein Bild herabgesetzt haben. Das Problem ist, daß unser Bild von ihm um so verzerrter wird, je schmutziger wir werden, und um so geringer wird auch die Wahrscheinlichkeit, daß wir ihm die nötigen Reparaturen zutrauen.

Das zweite ist die Information, daß Jesus ständig versucht, seinen Anhängern die Vaterschaft Gottes vor Augen zu führen. Demnach ist viel eher zu erwarten, daß Gott – vielleicht nach einer beträchtlichen Auseinandersetzung – den Zipfel eines Vater-Taschentuchs anlecken und uns den Schmutz abwischen wird, sobald wir »Es tut mir leid« gesagt haben zu dem Schaden und dem Dreck, den wir uns selbst eingebrockt haben. Übrigens hat Jesus auch sehr deutlich gemacht, daß jeder Schaden, der einem seiner neuen, unbeschmutzten Gefäße durch jemanden anderes zugefügt wird, Gott sehr, sehr zornig macht.

Die dritte Sache, die mir sehr geholfen hat, war, als ich jemanden sagen hörte, daß ein Töpfer niemals den Ton wegwirft. Als ich das hörte, begriff ich, daß meine tiefste Befürchtung gewesen war, ich könnte von dem Meistertöpfer völlig verworfen werden. Weggeworfen. Für irreparabel gehalten. Ich vermute, daß ich nicht die erste Person bin, die dieses Gefühl erlebt hat.

Eine solche Welle der Begeisterung und Freude überkam mich, als ich die Wahrheit begriff, die in jenem Buch enthalten war, daß ich eine unbändige Lust verspürte, einen jener lächerlich überschwenglichen Faustschläge in die Luft zu vollführen, die man macht, wenn man beim Fußball ein Tor geschossen hat. Jaaaa!!

Natürlich! Er ist verrückt nach dem Ton! Er hat ihn ausgewählt. Er hat uns gemacht. Jede Faser von uns. Er wird uns niemals bis zum Verlust unserer Identität zermalmen. Sondern er wird uns in Form kneten wie ein guter Krankengymnast und uns reinigen, so daß unsere beabsichtigte individuelle Färbung deutlicher zu sehen ist.

Wir sind nicht von irgendeinem Fließband gelaufen, unter Aufsicht gelangweilter Arbeiter, die sich nur auf ihre nächste Teepause freuen. Jeder von uns wurde mit Leidenschaft und Liebe individuell gestaltet und dazu bestimmt, einzigartig zu sein. Jeder kleine Kratzer, der auf der Oberfläche unserer Spezialglasur erscheint, macht unseren Schöpfer traurig, weil es ihm ein Anliegen ist, daß wir uns schön und nützlich fühlen.

Dennoch hat er seit dem Sündenfall stets angeschlagene Gefäße dazu gebraucht, um nützliche Dinge zu tun. Sie sind die einzigen, die er hat, um mit ihnen zu arbeiten. Isaak, Jakob, Mose, Gideon, David, Matthäus, Petrus, Paulus, um nur ein paar zu nennen. Er scheint immer sehr gern bereit gewesen zu sein, den himmlischen

Leim seiner Liebe und Unterstützung in noch so viele Sprünge zu streichen, wenn seine Kinder bereit waren, ihm zu vertrauen.

Gebet

Hier sind wir, Herr.

Ein Haufen angeschlagener, schmutziger Gefäße. Wir wollen wieder von Nutzen sein. Wir wollen schön sein in deinen Augen. Nimm uns in deine meisterlichen Hände, lieber Vater, und tu, was immer getan werden muß, damit es so sein kann. Wir alle können etwas himmlischen Leim gebrauchen! Danke dafür, daß du uns bedingungslos liebst. Danke, daß du uns genau so gemacht hast, wie du uns haben wolltest. Bitte vergib uns allen Schaden, den wir uns selbst und anderen zugefügt haben, und mach uns bereit, damit anzufangen, denen zu vergeben, die uns bewußt verletzt haben.

Hier sind wir, Herr. Bitte fang an, uns zu reparieren – wie lange es auch dauern mag. Amen.

Gott, unsere Stärke

Psalm 73,21 – 26

Als es mir wehe tat im Herzen
und mich stach in meinen Nieren,
da war ich ein Narr und wußte nichts,
ich war wie ein Tier vor dir.
Dennoch bleibe ich stets an dir,
denn du hältst mich bei meiner rechten Hand,
du leitest mich nach deinem Rat
und nimmst mich am Ende mit Ehren an.
Wenn ich nur dich habe,
so frage ich nichts nach Himmel und Erde.
Wenn mir gleich Leib und Seele verschmachtet,
so bist du doch, Gott, allezeit meines Herzens
Trost und mein Teil.

Ich werde Ihnen gleich etwas über mich erzählen, das Sie nicht sehr beeindrucken wird. Gott kommt allerdings recht gut dabei weg! Es war ungefähr ein Jahr, nachdem Gott meinen Mann durch einen Zusammenbruch geschleppt, ihn wieder aufgerichtet und abgestaubt und ihm etwas zu tun gegeben hatte. Zuerst war ich einfach nur begeistert gewesen, zu sehen, wie Adrian wieder Zuversicht gewann, seinen geistlichen Vater besser kennenlernte und sich recht nützlich erwies in der Rolle, die Gott für ihn ausgesucht hatte. Besonders begeisterte es mich zu sehen, wie das, was er schrieb, eine so befreiende Wirkung auf diejenigen hatte, die seine Bücher lasen.

Allmählich jedoch stellte ich fest, daß ich eigentlich gar nicht so glücklich war. Starke Gefühle der Verletzung und Verwirrung begannen mein Leben zu beherrschen. Da ich nicht gerade jemand bin, der vor Zuversicht überquillt, hatten mir manche der Nebenwirkungen von Adrians Krankheit sehr zu schaffen gemacht – die Geldsorgen, die Unsicherheit, die Isolation und Einsamkeit –, doch die ganze Zeit über hatte ich ein unbändiges Vertrauen verspürt, daß Gott alles für uns in die Hand nehmen würde. Nun hatte er das getan, aber damit waren neue Kosten auf uns zugekommen. Ich hatte gedacht, Gott würde unser Leben wieder so einrichten, wie es vor dem Zusammenbruch gewesen war. Hatte er aber nicht!

Es war, als hätte Adrians Leben mit 37 $\frac{3}{4}$ begonnen, und unser ganzes gemeinsames Leben mit all der Intensität der letzten Zeit existierte überhaupt nicht. Über Nacht war jenes außerordentliche Phänomen, ein »berühmter Christ«, aus ihm geworden, und es war, als wäre er damit zu öffentlichem Eigentum geworden! Er war häufig von zu Hause weg, und ich merkte, daß ich in Wirklichkeit die Nase ziemlich voll hatte von Gott und sogar eifersüchtig auf Adrian war.

»Ich bedeute dir keinen Pfifferling, nicht wahr?« wütete ich gegen Gott. »Dich interessiert nur Adrian. Du wolltest nur, daß Adrian wieder gesund wird, damit er für dich arbeiten kann. Und was ist mit mir? Bin ich dir egal? Liebst du mich denn überhaupt nicht?«

Im Rückblick sehe ich, daß das zu einem großen Teil eine natürliche Reaktion auf die lange Zeit war, in der ich hatte stark sein müssen. Aber zu der Zeit war es schrecklich. Abgesehen von all den scheußlichen Verletzungen fühlte ich mich unendlich schuldig, besonders dann, als ich anfing, alles an Adrian auszulassen. Wenn ich wußte, daß er wegmußte, gab ich mir den ganzen Tag über alle Mühe, mich wie eine gute christliche Ehefrau zu benehmen – und dann, gerade wenn er zur Tür hinausging, lösten sich meine guten Vorsätze auf, und ich hörte mich keifen wie das sprichwörtliche Waschweib.

Der arme Adrian mußte häufig vor Hunderten von Leuten stehen und ihnen erzählen, wie sehr Gott sie liebte und daß er sie frei machen wolle – während ihm meine grausamen Worte in den Ohren hallten.

Endlich begriff ich, daß ich etwas tun mußte, sonst würde ich die ganze Heilung zunichte machen, die in meinem Mann stattgefunden hatte, und die Arbeit gefährden, die Gott ihm gegeben hatte. Ich beschloß, ein paar Tage wegzufahren und »mein Leben in Ordnung zu bringen«.

Ich reiste nach Scargill House in Yorkshire, gewappnet mit Fragen und Argumenten, die ich Gott vorlegen wollte, und ich glaube, ich hatte die feste Absicht, mich, bevor ich nach Hause zurückkehrte, für irgendeinen Job zu entscheiden, der mir Erfüllung bringen und mir helfen würde, weniger Anstoß an Adrians neuer Lebensweise zu nehmen.

Als ich dort ankam, passierte etwas Außergewöhnliches. Es war, als könnte ich nach langer Blindheit plötzlich wieder klar sehen. Dabei überkamen mich absolut keine Einsichten über mein Leben! Das alles erschien mir plötzlich gänzlich belanglos. Alles, woran ich denken konnte, war Jesus. Es war, als hielte er mich volle drei Tage lang an der Hand, und ich empfand eine besinnungslose Freude, wie man sie nur erlebt, wenn man sich zum ersten Mal verliebt.

Natürlich gab es praktische Bereiche in unserem Leben, die wir in Ordnung bringen mußten. Aber ich wußte endlich, daß ich in der Lage sein würde, sie realistisch zu betrachten und mich der Tatsache zu stellen, daß unser Leben nie wieder so sein würde, wie es zuvor war, weil ich daran erinnert worden war, daß Gott meine Stärke ist und alles, was ich je brauchen werde.

Gebet

Lieber Vater,
   manchmal entfernen wir uns so weit von dir, geblendet von unserem Zorn, betäubt von unserem Schmerz. Wenn wir verwirrt sind, dann nimm unser Leben in deine Hand, Vater, wir flehen dich an. Wenn wir uns verirrt haben, komm und finde uns, und bring uns nach Hause. Wir vermissen dich. Wir möchten dich wiedersehen. Komm bald. Amen.

Breit, lang, hoch und tief

Epheser 3,17 – 21

[Ich bete,] daß Christus durch den Glauben in euren Herzen wohne und ihr in der Liebe eingewurzelt und gegründet seid. So könnt ihr mit allen Heiligen begreifen, welches die Breite und die Länge und die Höhe und die Tiefe ist, auch die Liebe Christi erkennen, die alle Erkenntnis übertrifft, damit ihr erfüllt werdet mit der ganzen Gottesfülle.

Dem aber, der überschwenglich tun kann über alles hinaus, was wir bitten oder verstehen, nach der Kraft, die in uns wirkt, dem sei Ehre in der Gemeinde und in Christus Jesus zu aller Zeit, von Ewigkeit zu Ewigkeit! Amen.

Ich war immer noch in Scargill, und der letzte Tag meiner Mini-Klausur war gekommen. Ich erwachte früh von dem seltsamen Klang des Nichts, und als ich durch das beschlagene Fenster spähte, sah ich, daß es während der Nacht heftig geschneit hatte.

So überwältigend schön die Landschaft auch aussah, ich war beunruhigt. Wie sollten wir alle von hier wegkommen? Das Tagungszentrum war von winzigen Sträßchen umgeben, die jetzt schon mehrere Zoll tief im Schnee versunken sein mußten. Als ich nach unten eilte, traf ich mehrere Leute an, die bereits gepackt hatten und aufbruchbereit waren. »Ich habe mir gerade die Lokalnachrichten angehört«, verkündete einer der Freizeitleiter. »Die Vorhersage für den späteren Tag ist ziemlich trübe, aber die Straßen in der Gegend sind noch befahrbar. Also müssen wir entscheiden, ob wir jetzt aufbrechen oder uns darauf einstellen, für ein paar Tage hier oben einzuschneien.«

Wäre die ganze Familie bei mir gewesen, so hätte ich mich, glaube ich, entschieden zu bleiben. Es wäre himmlisch gewesen, in den Bergen von Yorkshire Schneeballschlachten zu veranstalten und Schlitten zu fahren. Aber sie waren nicht da. Sie waren dreihundert Meilen entfernt in Hailsham, und ich vermißte sie furchtbar. Ich rannte nach oben, schnappte mir meinen Koffer, eilte hinab, bedankte mich unter Umarmungen und schlitterte hinüber zum Auto.

Die ersten zwanzig Meilen waren übel, aber schließlich hatte ich es bis zur Autobahn geschafft. Aufatmend schaltete ich das Radio ein. Die Nachrichten waren schlimmer, als ich es für möglich gehalten hätte. Offenbar herrschte auf den Straßen quer durchs ganze Land ein einziges Chaos. Unfälle waren an der Tagesordnung, und den Leuten wurde nachdrücklich geraten, sich nur hinauszuwagen, wenn es absolut lebensnotwendig war. Mit jeder Minute schien der Straßenzustand tückischer zu werden.

Der Schnee fiel dicht herab, und die Sicht wurde immer schlechter. Die Nachrichten ebenso. Ständig kamen Informationen über Unfälle und Pannen herein, verbunden mit Warnungen, man solle um jeden Preis im Wagen bleiben und sich ohne Enteiser, Thermoskanne und Taschenlampe keinesfalls ins Freie zu wagen. Ich hatte nichts von alledem und war mir nur zu bewußt, wie töricht es von mir gewesen war, die Fahrt anzutreten.

Alle Euphorie, die ich während der letzten Tage erlebt hatte, war verschwunden, und ich fühlte mich verängstigt und unglaublich verletzlich. So viel zu meiner erneuerten Nähe zu Gott. So viel zu meinem Gefühl, daß ich ihm am Ende doch sehr viel bedeutete. Die Sicht wurde noch schlechter, als mir die Tränen übers Gesicht zu laufen begannen. Ich war zweihundert Meilen von zu Hause entfernt in der eisigen Kälte, und nun fing es auch noch an, dunkel zu werden.

In diesem Moment gab mein Wagen ein Ächzen von sich, stockte und kam beinahe zum Stillstand. Jetzt schlich ich mit zwei Meilen in der Stunde dahin und war sicher, daß ich jeden Moment gerammt werden würde. Vor mir konnte ich gerade noch ein Hinweisschild auf einen Abzweig nach links erkennen, und da ich dachte, alles wäre besser, als auf der Autobahn liegenzubleiben, ließ ich den Wagen auf eine Nebenstraße holpern. Ich sah überhaupt nichts mehr. »Meine Scheinwerfer müssen ausgegangen sein«, dachte ich, und im nächsten Moment blieb der Wagen mit einem grauenhaften Knall vollends stehen.

Da saß ich in der stockfinsteren Nacht in meinem Auto, das keinen Ton mehr von sich gab, und schrie verzweifelt zu Gott. Dann schlug ich die Augen auf. Da, links von mir, sah ich durch das Schneetreiben hindurch verschwommene Lichtreklamen − ein Café und ein Motel!

Nun, ich habe von Leuten gehört, die daran glauben, daß Gott jedesmal, wenn sie zum Supermarkt fahren, vor ihnen her eilt und ihnen einen Parkplatz freihält − und, ganz ehrlich gesagt, ich habe nicht viel Verständnis für die Vorstellung, daß Christen ständig mit Privilegien rechnen sollten. Aber ich glaube daran, daß Gott es an jenem Abend genau arrangierte, wann und wo mein Wagen liegenblieb. An jenem Abend, nachdem ich sowohl zu Hause als auch beim Automobilclub angerufen hatte, saß ich warm und sicher mit einer Tasse Tee in einem Bett und schaute mir im Fernsehen fürchterliche Nachrichtenbilder von verlassenen Autos auf Autobahnen überall im Land an.

Ich werde nie dieses Gefühl vergessen, daß mein himmlischer Vater mir ganz nahe war und sagte: »Ich mußte dir irgendwie beweisen, wie breit, lang, hoch und tief meine Liebe zu dir ist, du störrisches Weib!«

Ich frage mich, wie er es Ihnen zeigen wird!

Gebet

Lieber Vater,
   wir wünschen uns so sehr, uns dir nahe zu fühlen. Hilf uns, daß wir offen werden für die Möglichkeit, daß du uns begegnen wirst und daß du wirklich möchtest, daß wir die Tiefe der Liebe erleben, von der Paulus hier redet. Amen.

Heraus mit den Smarties!

Psalm 139,1–6

Herr, du erforschest mich und kennest mich.
Ich sitze oder stehe auf, so weißt du es;
du verstehst meine Gedanken von ferne.
Ich gehe oder liege, so bist du um mich
und siehst alle meine Wege.
Denn siehe, es ist kein Wort auf meiner Zunge,
das du, Herr, nicht schon wüßtest.
Von allen Seiten umgibst du mich
und hältst deine Hand über mir.
Diese Erkenntnis ist mir zu wunderbar und zu hoch,
ich kann sie nicht begreifen.

Die überwältigend gute Nachricht, die in diesem Psalm enthalten ist, wurde mir durch etwas verdeutlicht, das gestern passiert ist. Es war auf einem Treffen im gemeinsamen Kinderclub der Kirchen in unserer Stadt, zu dem Kinder aus ganz verschiedenem Hintergrund kommen.

Es war ein anstrengender, aber aufregender Vormittag gewesen, und ich hatte mich besonders über das Verhalten eines kleinen Raufboldes gefreut. Als er anfing, war es unmöglich gewesen, zu ihm durchzukommen, und er hatte so ziemlich auf alles aggressiv reagiert. Doch allmählich, über einen Zeitraum von etwa zwei Jahren hinweg, war sein Mißtrauen so weit gewichen, daß er sogar ein wenig Necken und körperlichen Kontakt zuließ. Heute war er ein Goldstück gewesen, und ich wollte ihm zeigen, wie sehr ich mich darüber freute.

»Patrick, ich bin wirklich stolz auf dich. Hier ist ein besonderer, geheimer Preis dafür, daß du dir so viel Mühe gibst«, flüsterte ich, öffnete verstohlen die »Preiskiste« und drückte ihm ein Röhrchen Smarties in die Hand. »Danke, Miss«, strahlte er und rannte davon, wobei er sich die Süßigkeiten mit vollen Händen in den Mund stopfte. Ich legte den Deckel wieder auf die Schachtel, stellte sie auf den Tisch und ging, um wie üblich am Schluß eines Treffens bei der Beseitigung des Chaos zu helfen, die Kappen wieder auf die Filzstifte zu stecken und den Klebstoff von den Tischen zu kratzen. Ich war voller Freude.

Zehn Minuten später drückte mir meine Freundin Phillippa etwas in die Hand. Es war ein zweites, ungeöffnetes Röhrchen Smarties.

»Ich habe gesehen, wie Patrick es sich auf dem Weg nach draußen aus der Preiskiste fischte«, sagte sie lächelnd, »und da dachte ich, den schnappe ich mir.«

»Oh nein«, stöhnte ich, »dabei habe ich ihm genau dasselbe als Preis gegeben, weil er heute so *lieb* war!«

»Na«, lachte sie, »sieh es einmal so: Vor sechs Monaten hätte er vermutlich noch abgestritten, daß er sie genommen hat, und mir für die Beleidigung gegen das Schienbein getreten!«

Gott weiß genau, wo wir unseren Weg als Christen beginnen. Er weiß genau, warum wir sind, wie wir sind und was unsere Schwächen sind, und es könnte gut sein, daß an diesem Vormittag der ganze Himmel jubelte, weil Phillippa keinen Tritt vors Schienbein bekam!

Es ist leicht, Gottes liebevolle Vergebung und Ermutigung in bezug auf den kleinen Patrick zu erkennen. Aber wie ist es mit Ihnen selbst? Ich frage mich, was wir vielleicht in letzter Zeit getan haben, das den Himmel zum Jubeln gebracht hat? Welchen kleinen Schritt haben wir getan, um ihm mehr zu vertrauen? Welcher Versuchung haben wir widerstanden? Was für ein Gedanke ist uns gekommen? Uns mag es nicht bemerkenswert erscheinen – und ich weiß, daß mir mein eigener Fortschritt immer quälend langsam vorkommt, aber bei einem Gott, der uns bis ins Innerste kennt, hat es vielleicht ein Lächeln oder sogar das himmlische Äquivalent für eine Umarmung und ein Röhrchen Smarties hervorgerufen!

Gebet

Lieber Vater,
  dem Himmel sei Dank (!), daß du alles über uns weißt. Du siehst genau, wo wir begonnen haben, welche Hindernisse unserem Fortschritt im Weg stehen, und du weißt genau, was du von uns in diesem Augenblick erwartest. Gib uns Kraft, wieder aufzustehen, wenn wir scheitern, und weiterzumachen, in dem Wissen, daß du dich über jeden kleinen Schritt nach vorn auf unserem holperigen Weg zu dir freust. Amen.

Auf wessen Seite steht Gott?

Jona 3,1– 6.10; 4,1–2

Und es geschah das Wort des Herrn zum zweitenmal zu Jona: Mach dich auf, geh in die große Stadt Ninive und predige ihr, was ich dir sage!

Da machte sich Jona auf und ging hin nach Ninive, wie der Herr gesagt hatte.

Ninive aber war eine große Stadt vor Gott, drei Tagereisen groß. Und als Jona anfing, in die Stadt hineinzugehen, und eine Tagereise weit gekommen war, predigte er und sprach: Es sind noch vierzig Tage, so wird Ninive untergehen.

Da glaubten die Leute von Ninive an Gott und ließen ein Fasten ausrufen und zogen alle, groß und klein, den Sack zur Buße an. Und als das vor den König von Ninive kam, stand er auf von seinem Thron und legte seinen Purpur ab und hüllte sich in den Sack und setzte sich in die Asche ...

Als aber Gott ihr Tun sah, wie sie sich bekehrten von ihrem bösen Wege, reute ihn das Übel, das er ihnen angekündigt hatte, und tat's nicht.

Das aber verdroß Jona sehr, und er ward zornig und betete zum Herrn und sprach: Ach, Herr, das ist's ja, was ich dachte, als ich noch in meinem Lande war, weshalb ich auch eilends nach Tarsis fliehen wollte; denn ich wußte, daß du gnädig, barmherzig, langmütig und von großer Güte bist und läßt dich des Übels gereuen.

Diese Geschichte von Jona enthält eine wunderbare Nachricht. Nicht die Tatsache, daß Gott, wenn wir ihm ungehorsam sind, möglicherweise veranlassen wird, daß wir von einem großen Fisch verschlungen werden, sondern der hier wiedergegebene Grund für

Jonas Ungehorsam. Er wollte den Bürgern von Ninive nicht sagen, daß Gott wegen ihres Verhaltens zornig sei, weil er ohne den Schatten eines Zweifels wußte, daß Gott ihnen vergeben würde, sobald sie sagen würden, daß es ihnen leid tat.

Jona kannte Gott. Er betrachtete seine Bereitschaft zur Vergebung als aufreizende Schwäche, bis Gott ihm im weiteren Verlauf der Geschichte durch das Bild der Staude klarmachte, daß der Grund, warum er immer wieder versuchen würde, den Leuten von Ninive Chancen zur Umkehr zu geben, darin bestand, daß er sie hatte aufwachsen sehen und jeder von ihnen ihm zutiefst am Herzen lag.

Vor einigen Jahren stieß ich auf ein Beispiel für dieselbe unzweideutige Gewißheit, was Gott tun würde. Wir haben eine Freundin, die in einer Reihe von Kinderheimen aufgewachsen ist. Durch diesen Prozeß wurde sie immer belasteter, bis sie schließlich mit achtzehn, gewappnet mit Beruhigungsmitteln und einem schweren Mangel an Selbstvertrauen, entlassen wurde, um sich allein durchzuschlagen.

In dieser Phase ihres Lebens war sie am Boden zerstört und ging durch eine Reihe unglücklicher Beziehungen. Sie wußte, daß wir uns Sorgen um sie machten, und rief häufig an, um uns über ihre Kämpfe auf dem laufenden zu halten. Einmal lebte sie mit einem Mann zusammen, der seine Frau verlassen hatte, und wir wußten, daß sie gegen alle Wahrscheinlichkeit hoffte, daß dieses Mal die Beziehung in eine Ehe führen würde.

Eines Abends rief sie uns sehr spät an und erzählte uns unter vielen Tränen, daß er daran dachte, zu seiner Frau zurückzukehren. Natürlich tat es uns beiden entsetzlich leid um sie, und ich beendete unser langes Gespräch, indem ich sagte: »Bevor ich schlafen gehe, werde ich für euch beide beten.«

»Äh, tu das lieber nicht, Bridget«, kam die entsetzte Antwort. »Du weißt ja, auf wessen Seite er stehen wird!«

Ihre instinktive Antwort verriet mehr Glauben und Zutrauen zu der Wirklichkeit und Gerechtigkeit Gottes als viele Predigten, die ich bis dahin oder seither gehört habe. Sie und Jona hatten eine Menge gemeinsam. Keiner von ihnen wollte, daß Gott eingreift, weil sie sicher waren, daß sie wußten, auf wessen Seite er stehen würde.

Habe ich diese Zuversicht? Ich merke, jetzt, wo ich älter werde, bin ich mir nicht mehr so sicher wie früher, wie Gott sich in konkreten Situationen verhalten wird, aber meine Zuversicht nimmt zu, daß, was immer er tut, es das Richtige sein wird. Ja, je mehr ich nur einen winzigen Bruchteil seines Herzens kennenlerne, desto mehr kann ich mit dem übereinstimmen, was Julian von Norwich sagte: »Alles wird gut sein, und alle Arten von Dingen werden gut sein.«

Gebet

Lieber Vater,

danke für die Geschichte von Jona. Sie ist überwältigend. Wir möchten dich kennenlernen, wie Jona dich kannte. Wir wollen aus tiefstem Innern vertrauen, daß du immer tun wirst, was gerecht und fair ist. Hilf uns. Amen.

Das Angebot der Sicherheit

Sacharja 8,4–5

So spricht der Herr Zebaoth: Es sollen hinfort wieder sitzen auf den Plätzen Jerusalems alte Männer und Frauen, jeder mit seinem Stock in der Hand vor hohem Alter, und die Plätze der Stadt sollen voll sein von Knaben und Mädchen, die dort spielen.

Als ich kürzlich auf diese Verse stieß, war mir, als hätte ich eine Antwort auf etwas gefunden, das mir lange Zeit zu schaffen machte. Warum empfinden wir nicht dieselbe Dringlichkeit wie Jesus, der Welt von unserem Vater Gott zu erzählen? Manche der Gründe sind natürlich offensichtlich: Faulheit, Furcht, Gleichgültigkeit ... aber ich glaube, einer der wichtigsten Gründe ist, daß wir tief im Innern gar nicht glauben, daß Gott etwas zu bieten hat, was die Welt haben will. Wir meinen, unsere Botschaft sei zu unweltlich für unsere Welt.

Als wir zum ersten Mal nach Australien reisten, nahmen wir an einer hervorragenden Konferenz teil, die von der Uniting Church organisiert wurde. Als Motto hatte man »So läßt es sich leben« gewählt, und ich erinnere mich, wie uns am Tag unserer Ankunft der Grund für diese Wahl genannt wurde. Man erklärte uns, daß die Australier nur auf eine positive, lebensbejahende Botschaft reagieren würden wegen der tief verwurzelten Aufsteigerphilosophie, die sie so weit gebracht hatte. Das Evangelium mit seiner Botschaft der Selbstaufopferung hatte da offenbar keine großen Chancen.

Als wir zwei Jahre später wieder hinfuhren und viele Australier aus viel weiter verstreuten Gegenden kennenlernten, begriffen wir allmählich, warum diese Mottowahl nicht unberechtigt war. Doch gleichzeitig merkten wir, daß sich die Menschen auf einer tieferen Ebene verzweifelt danach sehnten, sich verletzlich zeigen und ihre

Gefühle der Angst und Unsicherheit zugeben zu dürfen. Während dieser Tour wurden mehr Tränen vergossen als während irgendeiner anderen, und viele davon von Männern, die entdeckten, daß das, was Gott ihnen anbot, genau das war, was sie im Grunde immer gewollt hatten.

Für mich war das der Schlüssel zum Verständnis dessen, was Gott hier zu Sacharja sagt, denn ich merkte, daß Gott uns das geben will, was wir – und damit meine ich die ganze Welt – uns für uns selbst am meisten wünschen. Sicherheit. Eine Welt, in der unsere alten Leute und unsere Kinder sicher auf unseren Straßen gehen und spielen können.

Ich stand auf unserem Kinderspielplatz in der Nachbarschaft und beobachtete mit gespielten Entsetzensschreien, wie der kleine Junge meiner Freundin versuchte, sich Hand über Hand an einem leuchtend bunten Balken entlangzuschwingen. »Wenigstens kann er sich nicht weh tun«, flüsterte ich. »Diese neue Oberfläche ist hervorragend, er wird abprallen wie von einem Trampolin.« Ich drehte mich um und wollte nach der vierjährigen Katy rufen, sie solle von der Rutsche herunterkommen und es auch einmal versuchen. Doch es war niemand auf der Rutsche. Oder bei den Schaukeln. Oder auf dem Karussell. Drei kleine Jungen hielten das hölzerne Piratenschiff mit furchterregenden Drohungen besetzt, jedweden Eindringling über die Planke gehen zu lassen, so daß ich wußte, daß sie dort nicht sein konnte.

Panik überkommt einen nicht allmählich. Sie rauscht heran und umspült einen wie eine gewaltige Welle. Ich fing an, um das kleine, eingezäunte Gelände herumzurennen und klammerte mich an die Hoffnung, sie würde hinter der Holzbank oder unter der Rutsche versteckt sein. Das Gespenst, das alle Eltern fürchten, erfüllte mein ganzes Denken.

Dann sah ich sie. Sie tanzte und hüpfte durch den Park, die Hand sicher in der ihres großen Bruders. Sie hatte ihn kommen sehen und war ihm entgegengerannt. Diesmal also kein Anlaß zur Sorge – doch als ich dastand und sie herankommen sah wie Winnie Pus Freund Ferkel, ging mir eine erschreckende Wahrheit auf. Die neuen, technisch fortschrittlichen Oberflächen haben es endlich möglich gemacht, daß kleine Kinder auf Spielplätzen ungefährdet spielen können. Doch keine Mutter und kein Vater darf ein kleines Kind aus den Augen lassen, wenn es darauf spielt. Die Gefahr ist zu groß!

Vielleicht ist das ein Schlüssel dazu, wie wir zuversichtlicher mit solchen Menschen reden können, die von Gott nichts hören wollen. Wie oft hören wir, wie Gott von Leuten, die ihm nicht begegnet sind, als fordernder Tyrann oder gleichgültiger Richter beschrieben wird. Hier jedoch erkennt er genau das, wonach wir uns am meisten sehnen, als lebenswichtig an.

Gebet

Lieber Vater,

gib uns die Zuversicht, unserer Welt von dir zu erzählen. Hilf uns, daran zu denken, daß dir deine Welt sehr am Herzen liegt und du jedem deiner Kinder, jung und alt, Sicherheit und Frieden schenken willst. Wir bitten dich, vergib uns all die Gelegenheiten, über dich zu reden, die wir versäumt haben. Und all die Gespräche, in denen wir dich auf irgendeine Weise falsch dargestellt und so die Wirkung deines Wortes geschwächt haben. Zuletzt, Vater, bitten wir dich als deine Kinder, daß du die Menschen, die wir lieben, sicher behütest. Amen.

Zurück nach Eden?

1. Mose 1,26–31

Und Gott sprach: Lasset uns Menschen machen, ein Bild, das uns gleich sei, die da herrschen über die Fische im Meer und über die Vögel unter dem Himmel und über das Vieh und über alle Tiere des Feldes und über alles Gewürm, das auf Erden kriecht.

Und Gott schuf den Menschen zu seinem Bilde, zum Bilde Gottes schuf er ihn; und schuf sie als Mann und Weib.

Und Gott segnete sie und sprach zu ihnen: Seid fruchtbar und mehret euch und füllet die Erde und machet sie euch untertan und herrschet über die Fische im Meer und über die Vögel unter dem Himmel und über das Vieh und über alles Getier, das auf Erden kriecht.

Und Gott sprach: Sehet da, ich habe euch gegeben alle Pflanzen, die Samen bringen, auf der ganzen Erde, und alle Bäume mit Früchten, die Samen bringen, zu eurer Speise.

Aber allen Tieren auf Erden und allen Vögeln unter dem Himmel und allem Gewürm, das auf Erden lebt, habe ich alles grüne Kraut zur Nahrung gegeben. Und es geschah so.

Und Gott sah an alles, was er gemacht hatte, und siehe, es war sehr gut.

Wir verbrachten den Sommer 1995 damit, in Südafrika zu arbeiten. Es war ein unglaubliches Erlebnis für uns alle, und wir haben eine Menge faszinierender Leute kennengelernt.

Yuri und seine Frau Pippa betrieben eine kleine Safari-Station am Rande des Krüger-Nationalparks. Am Ende unserer Vortragstour verbrachten wir dort drei der aufregendsten Tage unseres Lebens.

Keiner von uns wird je die Gerüche und Anblicke unserer frühmorgendlichen Ausflüge ins Grasland vergessen, bei denen wir voller Begeisterung in einem offenen Jeep dahinholperten. Wir bekamen jede Menge wilde Tiere zu sehen, manchmal aus beängstigend geringer Entfernung.

Eines unserer eindrücklichsten Erlebnisse jedoch hatte nichts mit Elefanten oder Löwen zu tun. Es war eine Wanderung über einen abgeschiedenen Pfad durch die Wildnis, die direkt an das Lager angrenzte. Wir gingen mit Yuri, der ein ausgebildeter Ökologe war, und Dixon, unserem schwarzen südafrikanischen Ranger, der uns mit geladenem Gewehr auf dem Fuße folgte, für alle Fälle! Yuri war eine regelrechte Goldmine, was die Kenntnis der Gegend betraf, und warf ständig mit aufschlußreichen Nuggets um sich, während wir wanderten. Wir lernten mehr in dieser Stunde, während wir dahinschlenderten und uns Büsche und Insekten ansahen, als ich je für möglich gehalten hätte.

Da gab es den Baobab-Baum, der über eine feuerfeste Rinde verfügte, die ihn vor den Steppenbränden schützt, die jedes Jahr in der heißen Trockenphase die Savanne niederbrennen und fruchtbaren Boden für neues Wachstum erzeugen. Da gab es die militärisch organisierten Ameisenheere; einen abgelegten Schildkrötenpanzer, dessen Muster das Alter seines lange verstorbenen früheren Besitzers verriet; Zweige, die früher als Zahnbürsten verwendet wurden, und, von einem anderen Strauch, Blätter, die einst das einzig verfügbare Toilettenpapier waren.

Wir sahen Termitenhaufen, die, wenn sie nicht mehr gebraucht werden, zu begehrten Behausungen für Zwergmungos werden, und erhaschten faszinierende Blicke auf Meerkatzen auf der Suche nach Beeren. Das Bewegendste waren die kleinen Häufchen von Knochen, die die Begräbnisstätten der einheimischen Stämme markierten, die dort gelebt hatten, bis der Ansturm der Apartheid sie gezwungen hatte, ihre Heimat zu verlassen.

Die Gegend, die wir durchwanderten, gilt als die Wiege der Menschheit, und an jenem sonnendurchfluteten Tag wirkte sie wie der Garten Eden.

Dieses Gefühl wurde durch etwas verstärkt, das Yuri uns sagte. Offenbar straft das Ökosystem jenes Gebietes die Theorie Lügen, der Mensch sei für die Natur überflüssig. Jeder, der *Das Dschungel-buch* gesehen oder gelesen hat, weiß, daß selbst der König des Dschungels nicht das Geheimnis kannte, wie man Feuer macht, und daß dies der Grund dafür war, daß das Menschenjunge Mowgli gefangengenommen wurde. Die Savanne brauchte schon immer Feuer, um ein übermäßiges Vordringen des Busches zu verhindern und dafür zu sorgen, daß Gras in üppigem, nahrhaftem Zustand für die vielen Pflanzenfresser vorhanden war, die wiederum den Fleischfressern Nahrung liefern, und so weiter die Nahrungskette hinauf. Menschen lieferten das Wissen, das die Savanne zum Überleben brauchte.

Vieles von dem, was Yuri sagte, war viel zu hoch für mich, aber ich hatte das Gefühl, als würden wir in ein ganz besonderes Verständnis der Schöpfungsgeschichte eingeweiht, was noch eindrücklicher wurde, als er einen winzigen Vogel namens »Honiganzeiger« erwähnte, dessen einzige Funktion seit Menschengedenken darin bestand, Menschen zu verraten, wo Honig zu finden sei. Er sitzt auf einem Baum und ruft, bis ein menschliches Wesen ihn hört. Indem er ständig ruft und von Baum zu Baum flattert, führt er seinen Verfolger weiter, manchmal über mehrere Tage hinweg, bis sie einen Ort erreichen, wo ein Stock voller Honig sie erwartet.

Man kann sich leicht vorstellen, was für eine wichtige Rolle er in Zeiten gespielt haben muß, als dies vielleicht die einzige Möglichkeit für Menschen war, an etwas Süßes zu kommen. Heute ist er überflüssig. Die Menschen, die hierher gehören, sind aus ihren Territorien in die fälschlicherweise so genannten »Homelands« vertrieben worden und machen, obwohl schon über ein Jahr seit den demokratischen Wahlen vergangen ist, kaum Anstalten zurückzukehren. Die einzigen Bewohner der Gegend sind Touristen und Besitzer von Safari-Stationen, die viel zu beschäftigt sind, um mehrere Tage lang nach etwas Süßem zu suchen, das sie im nächsten Supermarkt kaufen können. Nun steht der Honiganzeiger vor dem Aussterben.

Diese tieftraurige Geschichte scheint eine Einsicht in die noch größere Tragödie der Erbsünde zu vermitteln. Die »Sündenkette«, fast so alt wie die Welt selbst, die unausweichliche, rollende Konsequenz von Gier, Selbstsucht und Machtlüsternheit, hat immer und immer wieder die empfindliche Balance mißachtet und zerstört, von der man seit Urzeiten annahm, daß sie zwischen Menschen, Gott und Natur besteht.

Gebet

Lieber Vater,

wir wissen, daß wir die Uhr nicht zurückdrehen können zu der Zeit, als deine ganze schöne Welt in Harmonie bestand. Alles, was wir tun können, ist, dich um Vergebung zu bitten für die Art und Weise, wie wir mit unserem Teil davon umgegangen sind. Hilf uns zu verstehen, wie wir unseren Winkel des Universums am wirksamsten verbessern können. Und gib uns den Mut, uns gegen die zu stellen, die versuchen, dieses Gleichgewicht noch weiter zu zerstören. Amen.

Galater 3,26 – 4,7

Denn ihr seid alle durch den Glauben Gottes Kinder in Christus Jesus. Denn ihr alle, die ihr auf Christus getauft seid, habt Christus angezogen.

Hier ist nicht Jude noch Grieche, hier ist nicht Sklave noch Freier, hier ist nicht Mann noch Frau; denn ihr seid allesamt einer in Christus Jesus.

Gehört ihr aber Christus an, so seid ihr ja Abrahams Kinder und nach der Verheißung Erben.

Ich sage aber: Solange der Erbe unmündig ist, ist zwischen ihm und einem Knecht kein Unterschied, obwohl er Herr ist über alle Güter; sondern er untersteht Vormündern und Pflegern bis zu der Zeit, die der Vater bestimmt hat.

So auch wir: Als wir unmündig waren, waren wir in der Knechtschaft der Mächte der Welt.

Als aber die Zeit erfüllt war, sandte Gott seinen Sohn, geboren von einer Frau und unter das Gesetz getan, damit er die, die unter dem Gesetz waren, erlöste, damit wir die Kindschaft empfingen.

Weil ihr nun Kinder seid, hat Gott den Geist seines Sohnes gesandt in unsre Herzen, der da ruft: Abba, lieber Vater!

So bist du nun nicht mehr Knecht, sondern Kind; wenn aber Kind, dann auch Erbe durch Gott.

Nachdem ich gerade von unserer letzten Tour zurückgekehrt bin, wird mir klar, daß einer der Begleitumstände des Reisens darin besteht, wie man sowohl Dinge verliert als auch zu Dingen kommt. Ein Haufen Unterwäsche blieb in einer Schublade im Hotel zurück, ein Sweatshirt auf einem Schiff, eine Handtasche wurde gestohlen, und die ganze südliche Halbkugel muß bis an den Rand der ökologischen Katastrophe mit den Kämmen und einzelnen Socken der Familie Plass übersät sein! Trotzdem wurden unsere Taschen immer schwerer. Unzählige Mini-Shampoos und Duschgel-Packungen, ein wunderhübsches Geschenk, sorgfältig gewebt von einer Gruppe von Frauen in Queensland, eine ganz besondere Flasche Wein aus dem Barossa-Tal, eine Flut geschenkter Mini-Koalas, Kängurus und Schlüsselanhänger, ein Hotelhandtuch, das sich in der Gästewäsche versehentlich rosa verfärbte und zu dem Schluß kam, es würde unter seinen makellos schneeweißen Artgenossen nur noch ein unerwünschtes häßliches Entlein sein ... die Liste erscheint endlos.

Aber man kommt unterwegs auch zu anderen, noch interessanteren Dingen. Dingen, die helfen, den immer schwerer werdenden Koffer zu tragen. Innerhalb von vierundzwanzig Stunden geschlossene Freundschaften, die sich gerade wegen des Zeitmangels tiefer ins Herz eingraben als viele jahrelange Bekanntschaften. Kontakt zu Enthusiasten, die mit solcher Hingabe und Freude von ihrem Engagement reden, daß man sich ihrer Sache kaum entziehen kann, wie etwa World Vision, einer unserer Tour-Sponsoren.

Doch mehr noch als all das haben wir eine Wahrheit mitgebracht, die uns nie verlassen wird. Das Wissen, wie wahrhaft winzig und verletzlich wir alle sind und wie sehr Gott uns lieben und für uns sorgen muß. Das mag banal klingen, aber wohin immer wir kommen, begegnen wir Menschen, die mit ihren Beziehungen, ihrer Gesundheit, ihrer Arbeit zu kämpfen haben; Menschen, die sich aneinanderklammern, um nicht vom Tornado des Lebens fortgeblasen zu werden; Menschen, die lieben und Liebe brauchen, sorgenvolle Menschen, Menschen, deren harte Erfolgsschale von Gott aufgebrochen wurde, so daß seine Liebe hineinfließen kann; Menschen, die nie eine solche Schale entwickelt haben. Kinder. Alles Kinder. Eine riesige, liebende, zankende Schar von Kindern, die noch nicht verstanden haben, daß sie es nicht nötig haben, etwas zu beweisen, recht zu haben, die Ersten zu sein, größer oder schöner, cleverer oder talentierter zu sein, weil er uns allen zum Vater geworden ist und uns auf eine Weise, die wir nie verstehen werden, alle in seiner Hand halten, all unsere Tränen abwischen und sich all unsere Abenteuer anhören kann. Unser Vater, *Abba*, im Himmel, geheiligt werde dein Name.

Gebet

Lieber Vater,

es ist so leicht für uns, immer nur kritisch auf die Unterschiede zwischen uns, deinen Kindern, zu sehen. Hilf uns, nur ein kleines bißchen von dem Geheimnis zu verstehen, daß du fähig bist, uns alle mit solcher Leidenschaft zu lieben, daß du deinen Sohn für uns in den Tod gegeben hast. Hilf uns, mit dem Zanken aufzuhören; das zu teilen, was wir haben, und die besonderen Gaben der anderen zu genießen, ohne eifersüchtig zu sein. Vor allem aber hilf uns, voneinander zu lernen, damit auch unser Verständnis von deiner Größe wachsen kann. Amen.

Zu beschäftigt?

Offenbarung 3,14–20

Das sagt, der Amen heißt, der treue und wahrhaftige Zeuge, der Anfang der Schöpfung Gottes:
Ich kenne deine Werke, daß du weder kalt noch warm bist. Ach, daß du kalt oder warm wärest!
Weil du aber lau bist und weder warm noch kalt, werde ich dich ausspeien aus meinem Munde.
Du sprichst: Ich bin reich und habe genug und brauche nichts! und weißt nicht, daß du elend und jämmerlich bist, arm, blind und bloß.
Ich rate dir, daß du Gold von mir kaufst, das im Feuer geläutert ist, damit du reich werdest, und weiße Kleider, damit du sie anziehst und die Schande deiner Blöße nicht offenbar werde, und Augensalbe, deine Augen zu salben, damit du sehen mögest.
Welche ich lieb habe, die weise ich zurecht und züchtige ich. So sei nun eifrig und tue Buße!
Siehe, ich stehe vor der Tür und klopfe an. Wenn jemand meine Stimme hören wird und die Tür auftun, zu dem werde ich hineingehen und das Abendmahl mit ihm halten und er mit mir.

Jahrelang habe ich ein befreundetes Ehepaar beneidet, das wir kurz nach unserer Hochzeit kennenlernten. Bei uns ging es sehr knapp zu, und sie schienen im Vergleich dazu in Saus und Braus zu leben. Sie hatten Geld und ein schönes Haus, und Freikarten für Ascot, die Londoner Theater und Lord's, Reisen erster Klasse und ein kostspieliges Auto waren nur einige der Bonbons, die der Job des Mannes mit sich brachte.

Dann wurde er eines Tages entlassen. Einfach so. Geld war nicht in erster Linie das Problem; dafür sorgte eine großzügige Abfindung. Doch die Bombe, die auf sie niedergegangen war, brachte böse Nebenwirkungen mit sich. Manche der Auswirkungen waren unmittelbar, symbolisiert durch die Zurücknahme des Firmenwagens. Während der nächsten Wochen traten weitere Wunden auf. Schlaflosigkeit, Angst vor der Zukunft, Stimmungsschwankungen zwischen Zorn und Tränen der Unzulänglichkeit. Und die unvermeidliche Frage, was er falsch gemacht hatte. All das war schlimm anzusehen, doch die schlimmste Wunde sollte sich erst noch zeigen.

Ein paar Monate später kam meine Freundin in einem fürchterlichen Zustand zu mir. »Unsere Ehe ist zu Ende«, schluchzte sie. »Wir sind unaufhörlich zusammengewesen, seit er entlassen wurde, und wir haben festgestellt, daß wir uns überhaupt nicht mehr kennen und ganz bestimmt nicht lieben.«

»Aber das ist alles ein fürchterlicher Schock für euch, ihr müßt so viel durchmachen, ich bin sicher, ihr werdet euch wieder fangen ...«, stammelte ich herum.

»Du verstehst nicht. Wir sind uns jahrelang nicht wirklich nahe gewesen, und wir haben es eigentlich beide gewußt, aber wir haben uns ein schönes Leben gemacht und unser Leben so vollgestopft, daß wir uns nicht allzu viele Sorgen gemacht haben. Er geht um sechs zur Arbeit und kommt vor acht nicht wieder zurück, und sonntags spielt er Golf, so daß wir nur an einem Tag in der Woche miteinander auskommen müssen, und da haben wir meistens eine Einladung zum Essen oder Karten für eine Vorstellung, so daß wir überhaupt nicht daran arbeiten mußten. Und jetzt ist das alles weg. Die Liebe? Die muß sich schon vor Jahren davongeschlichen haben. Wir haben gar nicht mitgekriegt, wie sie verschwand – und jetzt, wo wir sie brauchen, ist sie nicht mehr da.«

Es war so traurig und so endgültig, und es erinnerte mich vage an etwas; neulich blätterte ich durch eines von Adrians Büchern und fand ein Gedicht, das er vor Jahren auf meine Bitte hin geschrieben hatte, damit ich es vortragen konnte.

Anruf

(Telefon klingelt. Nimmt ab.)

Ach, Jesus? Komm heut' nicht vorbei.
Ich hab' zuviel zu tun.
Vor heut' spätabends komme ich bestimmt nicht aus den
Schuh'n.
So viele brauchen mich, ich kann nicht alle warten lassen.
Tja! Sieht so aus, als würden wir uns wieder mal verpassen.
Dienstag? Das ginge, doch der Mann von gegenüber sieht,
find' ich, ziemlich fertig aus;
nach dem seh' ich mal lieber.
Ein Freund in Not, davor kann man die Augen nicht
verschließen.
Komm morgen lieber nicht vorbei, soll ich ihn
von dir grüßen?
Am Mittwoch ist hier Bibelkreis, am Donnerstag muß ich
weg.
Freitag? Da hab' ich Gäste hier zu Wein und Salzgebäck.
Am Samstag ist Missionsbasar, da komm' ich nicht
vor sieben.
Nein, laß es uns doch lieber auf Sonntag abend verschieben.

(Legt den Hörer fast auf und reißt ihn dann wieder ans Ohr.)

Du, Jesus? Willst du überhaupt
noch etwas von mir wissen?
Ich hab' mich eingekerkert
und den Schlüssel weggeschmissen.
Ich weine in der Dunkelheit
und warte hier auf dich;
will hören, was du denkst und willst.
Bitte komm, besuche mich.

Seien wir doch ehrlich. Wir müssen an all unseren Beziehungen arbeiten, sonst werden sie lauwarm. Das gilt besonders für unsere Beziehung zu Gott. Wir können so sehr damit beschäftigt sein, die Gottesdienste zu genießen, die Redner, die Geselligkeit, die Versammlungen (selbst das Meckern über die Leiter) – den ganzen Klimbim, den wir Gemeinde nennen –, daß wir, ohne es zu merken, dazu kommen können, zu glauben: »Ich bin reich und habe genug und brauche nichts«, und daß wir unsere persönliche Beziehung zu unserem Vater völlig vergessen.

Aber wenn wir keine Zeit mit ihm verbringen, ihm unsere Bedürfnisse sagen, ihn in unsere Belastungen einbeziehen, ihn mit Tränen der Freude und des Dankes überschütten, ja manchmal sogar gegen ihn meckern, dann ist diese Art blinder Selbstgenügsamkeit unweigerlich die Folge. Die größte Gefahr liegt in der Tatsache, daß wir, je weiter wir uns von ihm entfernen, um so weniger das Gefühl haben, daß wir ihn brauchen, und je weniger wir ihn verstehen, desto unwahrscheinlicher ist es, daß wir unsere Beziehung zu ihm in Ordnung bringen wollen.

Wenn das passiert, stellen wir vielleicht auch fest, daß wir uns selbst eingekerkert und den Schlüssel weggeschmissen haben.

Es gibt immer Hoffnung. Die Ehe unserer Freunde erholte sich nicht mehr – aber da war ja auch nicht einer der beiden Partner Gott! Schauen Sie sich nur diese erstaunliche Botschaft an, die uns der auferstandene Herr Jesus durch einen seiner engsten Freunde, die er hier auf der Erde zurückließ, ausrichten läßt. Er mag die Nase ziemlich voll haben von der Gemeinde in Laodizea, aber hier bietet er an, alles Nötige zur Verfügung zu stellen, um die zerbrochene Beziehung wiederherzustellen. Sobald wir uns Sorgen um die Distanz machen, die sich zwischen uns aufgetan hat, und uns ernstlich an ihn wenden, ist er für uns da. Er wird niemals gewaltsam die Tür aufstoßen, doch wenn wir ihn einladen, hereinzukommen, dann wird er es tun. Er wird sich hinsetzen und mit uns essen, und wir werden mit ihm essen. Nichts wird sich verändert haben.

Gebet

Lieber Vater,

bitte laß uns nicht so weit von dir weggehen, daß unsere Liebe kalt wird. Halte uns fest. Laß uns niemals gehen. Wir bringen dir jetzt alle unsere Beziehungen. Wir bitten dich um deine Hilfe und deinen Rat in den Bereichen, wo Dinge schiefgegangen sind. Danke, daß du in deiner Liebe zu uns immer beständig bist. Bitte komm und besuche uns heute. Wir werden versuchen, dir die Tür offenzuhalten. Amen.

Achtung, Blutsauger!

2. Mose 18,14–19. 24–27

Als aber sein Schwiegervater alles sah, was er mit dem Volk tat, sprach er: Was tust du denn mit dem Volk? Warum mußt du ganz allein da sitzen, und alles Volk steht um dich her vom Morgen bis zum Abend?

Mose antwortete ihm: Das Volk kommt zu mir, um Gott zu befragen. Denn wenn sie einen Streitfall haben, kommen sie zu mir, damit ich richte zwischen dem einen und dem andern und tue ihnen kund die Satzungen Gottes und seine Weisungen.

Sein Schwiegervater sprach zu ihm: Es ist nicht gut, wie du das tust. Du machst dich zu müde, dazu auch das Volk, das mit dir ist. Das Geschäft ist dir zu schwer; du kannst es allein nicht ausrichten. Aber gehorche meiner Stimme; ich will dir raten, und Gott wird mit dir sein. ...

Mose gehorchte dem Wort seines Schwiegervaters und tat alles, was er sagte, und er wählte redliche Leute aus ganz Israel und machte sie zu Häuptern über das Volk, zu Obersten über tausend, über hundert, über fünfzig und über zehn, daß sie das Volk allezeit richteten, die schwereren Sachen vor Mose brächten und die kleineren Sachen selber richteten. Und Mose ließ seinen Schwiegervater wieder in sein Land ziehen.

Als ich ein paar von den Dingen schilderte, die Yuri uns während unserer denkwürdigen Wanderung durch den südafrikanischen Busch erzählte, fiel mir eine andere erstaunliche Geschichte ein, in der seinerzeit sowohl Adrian als auch ich eine allzu treffende Parabel auf eine der Arten sahen, wie wir manchmal bis zur Erschöpfung unsere Energien verschleudern. Unsere Aufmerksamkeit wurde von einem Busch angezogen, der, wie ich mich erinnere, etwa so hoch war wie ein Mensch und zahllose hübsche silbrige Blätter hatte.

»Dies ist die silberblättrige Terminalia«, informierte uns Yuri. »Fällt euch etwas Ungewöhnliches daran auf?«

Wir studierten den Busch hoffnungsvoll, wie Kinder auf einem Schulausflug Relikte in einem Museum studieren, und suchten fieberhaft nach einer intelligenten Antwort. Alles, was ich sah, war ein Busch, dessen Schönheit durch einen häßlichen Auswuchs an einem seiner Zweige beeinträchtigt war.

»Sie hat einen häßlichen Auswuchs an einem ihrer Zweige?« versuchte ich es.

»Genau«, sagte Yuri, »daher der Name Terminalia.«

Er fuhr fort, uns mehr über diesen Busch zu erzählen. Offenbar ist dies ein ziemlich beschränkter Vertreter der afrikanischen Flora, der Schwierigkeiten hat, den Unterschied zwischen einem Ei, das in seiner Rinde abgelegt wird, und seinem eigenen Nachwuchs zu erkennen. Da sie das Ei für eine Blütenknospe hält, lenkt die stolze, aber irregeleitete Mutterpflanze all ihre Energie in das Wachstum dieser »Knospe«. Das führt leider dazu, daß diese Nährstoffe einen Auswuchs fördern, der sich um den heranwachsenden Parasiten bildet. Die Pflanze, die den immer häßlicheren Auswuchs für eine Blüte hält, gibt sich immer mehr Mühe und konzentriert immer mehr wertvolle Nährstoffe auf diesen Bereich, wobei sie sich selbst lebenswichtige Nährstoffe vorenthält und sich manchmal bis zum Absterben schwächt.

Ich finde dieses Gleichnis wesentlich weniger undurchsichtig als manche von denen, die Jesus gebrauchte! Gelegentlich fühle ich mich völlig ausgelaugt von den unersättlichen Bedürfnissen von Menschen und Ereignissen. Sie scheinen mir einen unverhältnismäßig hohen Anteil meiner Zeit und Energie abzuverlangen. Manchmal bin ich mir ganz sicher, daß das genau so ist, wie es sein sollte. Ich weiß nicht, wo wir heute wären, wenn wir nicht zu bestimmten Zeiten unseres Lebens die Erlaubnis bekommen hätten, die Kräfte unserer Freunde auszulaugen oder sie die unseren, und ich bin ebenso sicher, daß Gott von uns erwartet, daß wir so manche sehr anstrengende »zweite Meile« für ihn gehen. Sicher haben auch Sie es erlebt, auf diese Weise sich zu nähren und genährt zu werden.

Dennoch gibt es, glaube ich, eine Gefahr, daß Christen sich so sehr anstrengen, alles richtig zu machen, daß sie auf dieselbe Art und Weise in die Irre gehen wie die silberblättrige Terminalia. Es hat mich viele Jahre gekostet, zu akzeptieren, daß wir gelegentlich jemandem begegnen, der ein Parasit ist und uns gierig unsere Energie aussaugt, bis wir so geschwächt sind, daß wir zu nichts mehr nütze sein können. An diesem Punkt ziehen solche Leute dann oft weiter und suchen sich eine neue verwirrte, bereitwillige »Eltern«-Figur, die ihre scheinbar arglose und verzweifelte Bedürftigkeit mit etwas potentiell Schönem verwechseln, für das es sich lohnt, all ihre Kräfte einzusetzen. (Es fällt mir sehr schwer, dies zu schreiben, weil ich Angst habe, Leute, die mich kennen, könnten dies als einen Kommentar zu unserer Beziehung auffassen, aber ich kann Ihnen versichern: Wenn Ihnen auch nur der Gedanke kommt, daß Sie gemeint sein könnten, dann sind Sie es ganz bestimmt nicht, denn Parasiten ziehen ihre Motivation niemals in Frage oder in Zweifel. Sie saugen nur!)

Gebet

Lieber Vater,

du weißt, wie leicht wir auf Abwege geraten, wenn wir versuchen, deinen Willen zu tun. Bitte schütze uns vor solchen, die uns nur aussaugen und dann ausspeien wollen, und schenke uns die Fähigkeit, zu beurteilen, wann du möchtest, daß wir unseren Alltag beiseite legen, und wann nicht. Amen.

Drei ganz besondere Freunde

Das Wunder der Auferweckung des Lazarus ist von Jesus so sorgfältig inszeniert und so unauflöslich mit seiner späteren Verhaftung verbunden, daß ich schon immer besonders fasziniert davon war. Teilweise auch deswegen, weil er, wie bei dem Wein in Kana, das Beste bis zum Schluß aufgehoben hat.

Einen Mann eine Woche nach dessen Tod wieder aufzuerwecken war vielleicht das spektakulärste aller Wunder Jesu. Seine Beziehung zu der Familie; die Nähe Betaniens zu Jerusalem − die unvermeidlich dazu führte, daß der Sanhedrin von dem Wunder hörte − und der Zeitpunkt des Wunders unmittelbar vor dem Passafest tragen allesamt zu der einzigartigen Wirkung dieser öffentlichen Ausrufung der Herrschaft Gottes bei.

Kommt herein!

Lukas 10,38
Als sie aber weiterzogen, kam er in ein Dorf. Da war eine Frau mit Namen Marta, die nahm ihn auf.

Ich liebe die kleinen Einblicke, die wir in diese Familie gewinnen. Ich hätte viel darum gegeben, eine kleine Fliege an der Wand gewesen zu sein, während Maria und Marta aufwuchsen. »So verschieden wie Tag und Nacht«, höre ich ihre Mutter sagen, während sie ihr eines stürmisches kleines Mädchen beruhigt und vielleicht wünscht, das andere könnte ein wenig weicher werden. Oder während sie die eine für ihre Gewissenhaftigkeit lobt und an der Wildheit der anderen verzweifelt.

Nun ist es Martas Haus, und Maria muß ihre Geduld auf eine üble Probe gestellt haben! Lazarus lernen wir an dieser Stelle noch nicht kennen, aber er ist irgendwo im Hintergrund, und da ich zwei Söhne habe, die sich eine Weile lang nicht im selben Zimmer aufhalten konnten, ohne sich in die Haare zu kriegen, habe ich volles Mitgefühl mit seiner unvermeidlichen Rolle als Friedensstifter zwischen den beiden Schwestern.

Noch etwas über diese ganz gewöhnliche kleine Familie ist uns überliefert. Wir wissen, daß Jesus gerne bei ihnen auftauchte und mit ihnen zusammen aß, wenn er in Betanien war. Vielleicht konnte er sich hier für eine Weile außer Dienst fühlen, in der beruhigenden Gewißheit, daß niemand das, was er in ihrer gemütlichen Küche sagte, notieren würde, um es gegen ihn zu verwenden. Wir wissen, daß Marta ihn, wenn auch die Menge ihn als Rabbi und Wundertäter und die Pharisäer ihn als große Bedrohung betrachteten, als Freund und potentiellen Verbündeten in ihrer Unzufriedenheit über Maria ansprechen konnte.

Ich frage mich, ob sie je merkten, was ihre Gastfreundschaft diesem einsamen Sohn Gottes bedeutete, wenn er bei ihnen war, oder was für ein Privileg es war, Jesus als engen Freund der Familie zu haben.

Vor einigen Jahren war ich an der Leitung einer Selbsthilfegruppe für Frauen beteiligt, die in ihren Familien mit besonders schmerzhaften Problemen konfrontiert waren. Ich konnte nicht genug staunen über den Mut und die Beharrlichkeit, die sie Tag für Tag im Kampf mit Umständen zeigten, unter denen ich zugrunde gegangen wäre.

Im Lauf der Wochen begeisterte es mich, zu sehen, wie sie in der Gruppe immer tiefere Beziehungen entwickelten und wie offen sie von ihren Problemen erzählten und sich gegenseitig Rat gaben. Doch eines machte mich stutzig. Trotz ihrer Begeisterung darüber, daß sie sich nicht nur während unserer gemeinsamen Stunde, sondern auch während der Woche gegenseitig unterstützen sollten, stellte ich fest, daß sie sich überhaupt nicht gegenseitig zu Hause besuchten. Die Entfernung konnte nicht das Problem sein, da sie alle in derselben Siedlung wohnten. Am Zeitmangel konnte es auch nicht liegen, denn keine von ihnen war berufstätig.

Schließlich beschloß ich, das Thema anzusprechen. Offenbar hatten sie sich alle ohne Ausnahme danach gesehnt, genau das zu tun, doch es war ihnen zu peinlich gewesen, weil sie meinten, daß es bei ihnen zu Hause nicht so schön sei, wie sie es gerne hätten. Eine der Frauen sagte sogar, sie hätte eine andere Teilnehmerin der Gruppe weinend mit ihren beiden Kindern die Straße entlanggehen sehen und sich danach gesehnt, sie hereinzubitten. Aber sie hatte keinen Kaffee und keine Milch mehr, so daß sie sie statt dessen nur durch die Vorhänge beobachtete. Nach all diesen gegenseitigen Bekenntnissen gab es, wie Sie sich denken können, eine Menge erleichtertes Gelächter, und ein paar wirklich hilfreiche Freundschaften begannen, von denen einige, wie ich weiß, heute noch bestehen.

Die Furcht, verurteilt zu werden, und Gefühle der Unzulänglichkeit betreffen uns alle, nicht wahr? Wenn wir nur genug Selbstvertrauen hätten, Leute, die weit über uns zu stehen scheinen, mit-

ten in das Auf und Ab unserer Familien hinein einzuladen, statt
uns Sorgen zu machen, ob unser Familienleben gut genug ist, dann
könnten wir vielleicht das Privileg teilen und dasselbe Gefühl der
Zugehörigkeit einem anderen Kind Gottes zuteil werden lassen –
mit anderen Worten Jesus selbst.

Gebet

Lieber Vater,
    wir haben so oft das Gefühl, wir seien nicht gut genug, um in
deinen Plänen überhaupt eine nennenswerte Rolle zu spielen. Vergib uns, wo wir zugelassen haben, daß solche Gefühle dein Werk
der Liebe behinderten. Hilf uns, daß wir aufhören, durch unsere
Gardinen in die Welt zu spähen, daß wir die Türen unseres Lebens
aufstoßen und dich willkommen heißen. Amen.

Großzügiges Leben

Lukas 10,39 – 42
Und sie hatte eine Schwester, die hieß Maria; die setzte sich dem Herrn zu Füßen und hörte seiner Rede zu. Marta aber machte sich viel zu schaffen, ihm zu dienen. Und sie trat hinzu und sprach: Herr, fragst du nicht danach, daß mich meine Schwester läßt allein dienen? Sage ihr doch, daß sie mir helfen soll!
Der Herr aber antwortete und sprach zu ihr: Marta, Marta, du hast viel Sorge und Mühe. Eins aber ist not. Maria hat das gute Teil erwählt; das soll nicht von ihr genommen werden.

Es gab einen bestimmten Tag in meinem Leben, der, glaube ich, den lächerlichen Druck, unter dem Frauen manchmal stehen, beispielhaft deutlich werden läßt.

Es war Samstag vormittag, und ich war in der Küche. Auf den Arbeitsflächen befanden sich Reihen von Eisbergsalatblättern, auf denen jeweils zwei Vierteltomaten und drei Gurkenscheiben lagen. Auf unserem hölzernen Küchentisch befanden sich ein riesiger Klecks Marmelade, ein halb ausgetrunkener Becher Tee und ein Teller mit den Überresten einer Scheibe Toast. Am Ende des Tisches saß ein trübsinniger Amerikaner und aß Lasagne, und neben mir stand ein kleines Mädchen, das meinen schwarzen Unterrock und einen hoffnungsvollen Gesichtsausdruck trug und einen langen Schal und mehrere Plastik-Halsketten in der Hand hielt.

Bevor Sie jetzt versuchen, die am Tatort vorgefundenen Spuren zu enträtseln, lassen Sie mich erklären. Die Minisalate waren das Ergebnis eines voreiligen Versprechens, das ich auf einer kürzlichen Planungssitzung in der Gemeinde gegeben hatte. Es war unser fünfjähriges Jubiläum, und wir wollten es mit einem Grillfest feiern. Ich hatte vorgeschlagen, wir könnten statt Salatschüsseln diese kleinen Salate vorbereiten, um sicherzustellen, daß für jeden genug da war. Nun weiß jeder, daß man auf einer Planungssitzung niemals etwas vorschlagen sollte, falls man nicht bereit ist, es selbst zu erledigen, und so ...!

Der Marmeladenklecks war ein ungehört verhallter Protest. Ich hatte zu einem meiner heranwachsenden Söhne gesagt, was zuviel sei, sei zuviel, ich sei schließlich nicht seine Hausangestellte, und von nun an könne er das Durcheinander von seinem Frühstück selbst wegräumen. So weit, so gut, doch nachdem er sich großzügig bereit erklärt hatte, das in einer Minute zu erledigen, hatte er es völlig vergessen und war aus dem Haus gegangen! Ich hatte das Gefühl, hartnäckig bleiben zu müssen, also mußte der Marmeladenklecks bleiben, wo er war.

Der trübsinnige Amerikaner war ein Freund, der zu Besuch gekommen war, um mit meinem Mann gemeinsam zu arbeiten. Das idyllische Bild, auf das er sich vermutlich gefreut hatte, wie die beiden völlig losgelöst ihrer Kreativität freien Lauf ließen, wurde Minute für Minute zerschlagen, und was noch schlimmer war, ich hatte plötzlich gemerkt, daß ich ganz vergessen hatte, ihm etwas zum Mittagessen zu machen, und mußte ihm den Inhalt des einzigen im Kühlschrank noch vorhandenen Behälters vorsetzen.

Das kleine Mädchen schließlich war meine Tochter. Am Nachmittag sollte eine Verkleidungsparade stattfinden, basierend auf Gestalten aus der Bibel. Aus irgendeinem undurchschaubaren Grund hatte sie sich für die Königin von Saba entschieden und war überzeugt davon, daß mein schwarzer, glänzender Unterrock genau das richtige Kostüm dafür war. Nachdem ich ihr den Schal wie einen Turban um den Kopf gewickelt und sie sich selbst mit »kostbaren Juwelen« vollgehängt hatte, sah sie einigermaßen vampartig aus, aber ich war inzwischen zu müde, um mich darum zu scheren.

Warum machen wir das? Warum verbringen wir unsere Zeit nicht damit, im Schatten der Bäume entlangzuflanieren und auf der Terrasse Earl Grey zu schlürfen? Nun, vielleicht tun Sie das ja, und wenn es so ist, müssen Sie mir das Geheimnis verraten.

Ich weiß nur, daß das Leben für viele von uns einer lächerlichen

Hetzjagd gleicht und wir viel zu wenig Zeit haben, einfach zu »sein«. Das wäre nicht so schlimm, wenn nicht, ohne daß wir es richtig merkten, die Qualität unseres Lebens allmählich absinken und wir das Zutrauen zu unserer Fähigkeit verlieren würden, irgend etwas zu tun. Schlimmer noch, nachdem wir uns wie die Verrückten abgerackert haben, um irgendeiner unsichtbaren Erwartung gerecht zu werden, endet alles damit, daß wir irgend jemanden oder alle im Stich lassen, weil wir so erschöpft sind, daß wir etwas wirklich Wichtiges vergessen. Oder wir fühlen uns ausgenutzt und bitter, werden mürrisch und geizen mit unserer Zeit, unserer Vergebung und unserem Verständnis.

So oder so bleibt kaum etwas von der inneren Freude, die Jesus uns verheißen hat.

Vielleicht sollten wir jeden Tag ein wenig Zeit einbauen, in der wir Gott in einer für uns entspannenden Situation genießen können. Das kann sogar bedeuten, daß wir ein bißchen im Schatten der Bäume flanieren!

Sollte ich einstweilen jemals eine Autobiographie verfassen (keine Sorge, ich tue es nicht), so müßte der Titel lauten: *Fünfzig Salate und die Königin von Saba.*

Gebet

Lieber Vater,

hilf uns zu lernen, wie wir uns mit dir entspannen und unsere Zeit mit dir teilen können. Für die unter uns, die ihre Freude verloren haben, bitten wir um Erfrischung. Für die unter uns, die sich verhärtet haben, bitten wir, daß du unsere Herzen weich machst und uns ein besseres Verständnis für deine Liebe zu uns schenkst, ob wir nun Dinge für dich tun oder nicht. Hilf uns, weise zu unterscheiden zwischen Dingen, die wichtig sind, und Dingen, die so wichtig sind wie Minisalate, damit wir unsere Zeit in den Griff bekommen. Danke, Vater. Amen.

»Der, den du lieb hast, liegt krank«

Johannes 11,1–3

Es lag aber einer krank, Lazarus aus Betanien, dem Dorf Marias und ihrer Schwester Marta.

Maria aber war es, die den Herrn mit Salböl gesalbt und seine Füße mit ihrem Haar getrocknet hatte. Deren Bruder Lazarus war krank.

Da sandten die Schwestern zu Jesus und ließen ihm sagen: Herr, siehe, der, den du lieb hast, liegt krank.

Ich bin in meinem Leben als Christ schon auf vielen verschiedenen Arten von Gebetstreffen gewesen und habe auf vielerlei unterschiedliche Weise um Heilung gebetet. Eine meiner schlimmsten Erinnerungen ist diese: Ein kalter Saal mit einem kleinen, wenig einladenden Kreis aus harten Stühlen in der Mitte und eine winzige Gruppe der pessimistischsten Leute, die man sich vorstellen kann. Es dauerte lange, bis die Liste der Kranken und Sterbenden vorgelesen war, weil sie immer wieder durch sogenannte Neuigkeiten ergänzt wurde, die in Wirklichkeit nur Klatsch waren, den man sich an den Krankenbetten unter Verschwiegenheitsbeteuerungen erschlichen hatte.

Das war schlimm genug. Doch was darauf folgte, waren deprimiert geflüsterte Gebete, die Gott händeringend um eine winzige, vorübergehende Erleichterung für den Kranken anflehten, als ob der Gott, den diese Leute kannten, zu beschäftigt oder zu knauserig wäre, als daß sie ihn mit etwas anderem hätten belästigen können.

Mein anderes Lieblingsfeindbild ist die Art des Betens, die darin besteht, daß man Gott anbrüllt, als wäre er stocktaub, und wie aufsässige Kleinkinder, die an der Supermarktkasse nach Süßigkeiten schreien, verlangt, der Heilige Geist möge JETZT kommen. Ich würde meinen Kindern niemals geben, was sie wollen, wenn sie so mit mir sprächen, also wüßte ich nicht, warum Gott es tun sollte! Es kommt mir so ungehobelt vor, wenn Sie verstehen, was ich meine. Beide Situationen hinterließen bei mir einen steifen Hintern und eine verärgerte Seele!

Nicht, daß es eine Rolle spielte, was ich denke. Das habe ich schon vor langer Zeit von einem Freund erfahren, der geschäftlich nach Amerika gereist war. Er erzählte uns von einem Erlebnis, das er in einer riesigen Kirche in Kalifornien hatte. Wie er sagte, hatte er dort gesessen, erstaunt und amüsiert über die Protzigkeit der ganzen Sache. Es gab künstliche Palmen und schwere, bauschige Vorhänge und einen riesigen Chor in prunkvollen Roben. Er sei sich sehr gerecht vorgekommen, sagte er. Was für ein Unsinn! Wie abscheulich! Was mußte Gott darüber denken!

Plötzlich fand er es heraus. Mitten in dem Getöse des Singens und der laut gerufenen Gebete hörte er jemanden weinen, und als er sich umdrehte, sah er ein junges Mädchen aus seinem Rollstuhl aufstehen und vor Freude tanzen. Ihre Eltern schluchzten vor fassungsloser Freude. Als er sich umblickte, sah er inmitten aufrichtigen Jubels weitere Wunder geschehen, und er merkte, daß der ganze Zinnober Gott nichts ausmachte, solange ihm wirklich Herzen zugekehrt wurden.

Diese Geschichte habe ich nie vergessen, und sie hat mir geholfen zu erkennen, daß es keinen Wert hat, über den Frömmigkeitsstil verschiedener Gruppen zu urteilen. Entscheidend ist nicht, ob wir Statuen, Kreuze, Kathedralen oder Gemeindesäle haben. Es kommt auch nicht darauf an, ob wir zur Gitarre oder zur Orgel singen. Was Gott sehen wird, ist die Liebe in unseren Herzen, und die wird süße Musik in seinen Ohren sein.

Ich glaube also nicht, daß es eine Rolle spielt, wie wir beten. Aber ich glaube, von nun an werde ich die Botschaft, die Maria und Marta zu Jesus schickten, als die ideale Form des Gebets um Heilung betrachten. Was für ein besseres Gebet könnte es geben als die Feststellung »Herr, siehe, der, den du lieb hast, liegt krank.« Ihr Entschluß, Jesus rufen zu lassen, war gemeinsam und spontan.

Kein Betteln, keine unwesentlichen Einzelheiten, nur die Zuversicht, daß er als enger Freund eingreifen wollen wird, und daß er etwas tun wird, weil er sie lieb hat.

Gebet

Lieber Vater,
    du kennst uns so gut. Du weißt, wie wir in Krisen manchmal Wände der Panik aufrichten, so daß wir dich für eine Weile nicht mehr sehen können, und dann auf so seltsame Art mit dir zu reden beginnen. Hilf uns, daran zu denken, wie es Maria und Marta gemacht haben. Stärke unser Vertrauen, damit wir einfach nach dir rufen können, wenn wir dich brauchen, in dem Wissen, daß du uns hörst, was immer du zu tun beschließt. Amen.

Schmerzhaftes Schweigen

Johannes 11,4 – 6

Als Jesus das hörte, sprach er: Diese Krankheit ist nicht zum Tode, sondern zur Verherrlichung Gottes, damit der Sohn Gottes dadurch verherrlicht werde. Jesus aber hatte Marta lieb und ihre Schwester und Lazarus. Als er nun hörte, daß er krank war, blieb er noch zwei Tage an dem Ort, wo er war.

Wie müssen Maria und Marta sich gefühlt haben während der Stunden und dann der Tage, die auf das Absenden ihrer Botschaft folgten? Zuerst fragten sie sich vielleicht, ob der Bote angekommen sei, und unterhielten sich zuversichtlich darüber, was Jesus tun würde, wenn er käme. Ich sehe sie zum Fenster eilen, wann immer sie Schritte hören, und angestrengt die staubige Straße entlang nach ihrem geliebten Jesus ausspähen. Dann bricht die Nacht herein, und sie liegen in der Dunkelheit und lauschen auf das Geräusch, das sie herbeisehnen. Dann, allmählich, weicht die Hoffnung immer größerer Verzweiflung, als sie sehen, wie Lazarus unter allen schrecklichen Symptomen einer tödlichen Krankheit immer schwächer wird.

Was dachten sie in diesem Moment? Stellten sie die ganze Grundlage ihrer Beziehung zu Jesus in Frage? Vielleicht liebte er sie doch nicht so sehr, wie sie geglaubt hatten. Vielleicht fand er ihre Bitte unverschämt. Vielleicht hätten sie doch nicht nach ihm schicken sollen.

Viele von uns wissen nur zu gut, wie sie sich gefühlt haben müssen, weil wir auch schon in dieser Situation waren. Wir haben gewartet, wir haben gegen die Türen des Himmels gehämmert, wir sind verzweifelt und wir haben gefragt, ob das Ganze nur ein grausiger, geschmackloser Witz ist. Warum ist er nicht hier? Warum verändert er die Situation nicht? Unsere Zuversicht zerfällt, und das einzige Salz, das wir der Erde zu bieten haben, ist das Salz unserer Tränen.

Nichts auf der Welt ist entmutigender als ein langes Schweigen. Nichts scheint so beredt von einer zerbrochenen Beziehung zu sprechen. Dennoch wissen wir aus Erfahrung, wie irreführend unsere Gefühle sein können. Ich weiß nicht, wie oft ich schon Kindern Geschichten vorgelesen habe von Häschen oder Teddys, die denken, alle hätten ihren Geburtstag vergessen – und dann (nach trostlosen, in übergroße Taschentücher geweinten Tränen) feststellen, daß eine Geburtstags-Überraschungsparty mit riesigen Wakkelpuddings und gewaltigen rosafarbenen Geburtstagstorten und einem Heer von strahlenden, wuscheligen Kreaturen sie erwartet. Und ich bin vielen einsamen Menschen begegnet, die Zeitmangel als Aus-dem-Weg-Gehen und Faulheit oder schlechte Organisation als bewußtes Signal der Gleichgültigkeit mißverstanden haben.

Für manche von uns ist es nicht so einfach. Es gibt keinen Tisch, der sich unter den Partyleckereien biegt. Das Geheimnis des Schweigens Gottes bleibt diesseits des Himmels auf schmerzhafte Weise unerklärt. Aber auch in diesem Teil der Geschichte gibt es etwas, das uns ein wenig helfen könnte.

Im Fall von Maria und Marta stellt sich heraus, daß es nichts mit ihrer Beziehung zu Jesus zu tun hat, sondern mit ihrem kleinen Anteil an dem riesigen, komplizierten Plan, der mit der Kreuzigung und der Versöhnung der ganzen Menschheit mit ihrem Vater im Himmel enden würde. Was für ein überwältigender Gedanke! Gerade dann, wenn wir uns am meisten von Gott verlassen fühlen, spielen wir vielleicht die Hauptrolle in unserer Szene des Dramas, dessen letzter Vorhang die Wiederkunft Jesu sein wird.

Wohlgemerkt, auch wenn man das weiß, kann es noch sehr weh tun, nicht wahr?

Gebet

Lieber Vater,

   viele deiner Kinder werden, noch während sie dies lesen, innerlich schreien: »Warum, warum hast du das zugelassen, Gott?« Nur wenige von uns werden jemals verstehen, warum das Leben so verwirrend hart zu manchen Leuten sein muß, oder warum du es manchmal vorziehst zu schweigen. Bitte hilf ihnen, zu sehen, daß es nicht daran liegt, daß du sie nicht von ganzem Herzen liebtest. Nimm sie heute fest in die Arme, Vater, und gib denen unter uns, die hilflos und ratlos dabeistehen und zuschauen, die Worte des Trostes und der Hoffnung, die du sie von dir hören lassen möchtest. Amen.

Laßt uns mit ihm gehen!

Johannes 11,7–16
Danach spricht er zu seinen Jüngern: Laßt uns wieder nach Judäa ziehen!

Seine Jünger aber sprachen zu ihm: Meister, eben noch wollten die Juden dich steinigen, und du willst wieder dorthin ziehen?

Jesus antwortete: Hat nicht der Tag zwölf Stunden? Wer bei Tag umhergeht, der stößt sich nicht; denn er sieht das Licht dieser Welt. Wer aber bei Nacht umhergeht, der stößt sich; denn es ist kein Licht in ihm. Das sagte er, und danach spricht er zu ihnen: Lazarus, unser Freund, schläft, aber ich gehe hin, ihn aufzuwecken.

Da sprachen seine Jünger: Herr, wenn er schläft, wird's besser mit ihm. Jesus aber sprach von seinem Tode; sie meinten aber, er rede vom leiblichen Schlaf. Da sagte es ihnen Jesus frei heraus: Lazarus ist gestorben; und ich bin froh um euretwillen, daß ich nicht dagewesen bin, damit ihr glaubt. Aber laßt uns zu ihm gehen!

Da sprach Thomas, der Zwilling genannt wird, zu den Jüngern: Laßt uns mit ihm gehen, daß wir mit ihm sterben!

Ich habe das schreckliche Gefühl, daß ich, wenn ich dabeigewesen wäre, wohl eine von denen gewesen wäre, die versuchten, Jesus davon zu überzeugen, sich von Jerusalem fernzuhalten. Ich kann mir vorstellen, wie entsetzt sie über Jesus offenkundige Entschlossenheit waren, seinem möglichen Verhängnis entgegenzugehen, nur um Lazarus aus seinem vermeintlichen heilsamen Schlaf zu erwecken, wie sie dachten. Wirklich? Hatten sie Jesus wirklich mißverstanden, als er sagte, Lazarus schläft? Es fällt uns so leicht, uns selbst einzureden, unsere Motive seien vollkommen vernünftig, wenn wir Angst haben.

Ein Kind, das vor einem schweren Tag in der Schule Bauchweh hat, glaubt vollkommen an dieses Bauchweh. Der Beweis für die Krankheit offenbart sich erst, wenn die Schulglocke schon geläutet hat und das Kind behaglich zu Hause sitzt. Da Kinder nicht versiert in Täuschungsmanövern sind, sind wilde Trampolinsprünge im Bett das beliebteste Indiz für den berühmten Trick mit dem verschwundenen Bauchweh! Der Kopfschmerz, mit dem wir vor einem besonders schwierigen Arbeitstag erwachen, wird sich zweifellos zu einem Migräneanfall auswachsen – während wir sicher sind, daß eine Tablette Paracetamol die Sache schon beheben wird, wenn wir uns auf den vor uns liegenden Tag gefreut haben. Ich halte das nicht für bösartig. Aber diese Art der Selbsttäuschung kann auch ernstere Konsequenzen haben.

Ich habe mir viel zu oft selbst eingeredet, ich hätte keine Zeit, mit einem Bekannten zu reden, während die Wahrheit ist, daß es mir sehr schwer fällt, Leute anzurufen. Es scheint weniger Geistliche zu geben, die sich von Gott nach Brixton geführt wissen, als solche, die seinen Ruf nach Bath vernehmen. Viel mehr Leute scheinen zu hören, daß Gott sie eher zu einem Gebetsmarsch rund um ein problematisches Wohngebiet ruft als dazu, in diesem Wohngebiet zu arbeiten. Und aus persönlicher Erfahrung kann ich Ihnen sagen, daß vielen Leuten, die mit gestörten Jugendlichen arbeiten, die Sprache, die sie dabei zu hören bekommen, ihren Tempel des Heiligen Geistes derartig besudelt, daß sie ganz sicher sind, in einer solchen Umgebung nicht weiterarbeiten zu können. Wir sind so fehlerhaft, nicht wahr?

Die Jünger hatten viel mehr vor sich als einen schlechten Tag in der Schule oder einen fluchenden Jugendlichen. Dem Himmel sei Dank für Thomas. Übrigens, ist es nicht herrlich, daß gerade dieser Jünger, der nur für sein Zweifeln berühmt ist, es war, der sich seinen Ängsten offen stellte und Jesus die Unterstützung bot, die er brauchte?

Gebet

Lieber Vater,

bitte laß den Heiligen Geist kommen und während dieses Tages neben uns sitzen und uns helfen, bei allen Entscheidungen, die wir treffen, ehrlich auf unsere Motivation zu schauen. Bitte laß uns nicht jemanden wegen unserer eigenen Ängste, unserer Selbstsucht oder unserer Eifersucht daran hindern, den Auftrag zu erfüllen, den du ihm gegeben hast.

Danke für Thomas. Hilf uns durch das, was wir über ihn wissen, einzusehen, wie leicht wir verurteilen und unsere Meinung nur auf einen kleinen Teil des Verhaltens einer Person in der Vergangenheit gründen.

Heute könnte es ein bißchen unbequem werden, Herr. Aber bitte, laß es uns nicht durchgehen, wenn wir versuchen, in diesen Bereichen nicht rücksichtslos gegen uns selbst zu sein. Amen.

Wirklich sein

Johannes 11,17–20

Als Jesus kam, fand er Lazarus schon vier Tage im Grabe liegen.
Betanien aber war nahe bei Jerusalem, etwa eine halbe Stunde
entfernt.
Und viele Juden waren zu Marta und Maria gekommen, sie zu
trösten wegen ihres Bruders.
Als Marta nun hörte, daß Jesus kommt, geht sie ihm entgegen;
Maria aber blieb daheim sitzen.

In der wunderbaren Kindergeschichte *The Velveteen Rabbit* führen
die Spielzeuge Skin Horse und Rabbit eine eingehende Diskussion
darüber, was es bedeutet, Wirklich zu sein. Auf Rabbits Frage, ob es
weh tue, Wirklich zu werden, erwidert Skin Horse:»»Manchmal‹,
und erklärt weiter: ›Es passiert nicht auf einmal. ... Es braucht eine
lange Zeit. Darum passiert es nicht oft mit Leuten, die leicht
kaputtgehen oder scharfe Kanten haben oder die man vorsichtig
aufbewahren muß. Meistens ist, bis du erst einmal so weit bist,
Wirklich zu werden, dein Haar zum größten Teil weggeschmust,
und deine Augen fallen heraus, und du wirst schon locker in den
Gelenken und siehst ziemlich schäbig aus. Aber das spielt alles
keine Rolle, denn wenn du erst einmal Wirklich bist, kannst du
nicht mehr häßlich sein, außer für Leute, die nichts verstehen ...‹
Rabbit seufzte. Er sehnte sich danach, Wirklich zu werden ... Er
wünschte, er könnte es werden, ohne daß ihm all diese unangeneh-
men Dinge passierten.«

Ich habe mehrere Freunde, die bei »Cruse« mitarbeiten, dem
Beratungsdienst für Leute, die geliebte Menschen verloren haben.
Eine Sache, die dort sehr betont wird, ist, daß keine zwei Menschen
auf dieselbe Art trauern, sondern daß der Schlüssel darin besteht,

sich selbst treu zu sein. Maria und Marta waren gleichermaßen am Boden zerstört über den Tod ihres Bruders, doch Marta stürmte die Straße hinab, um Jesus voller blinder Empörung gehörig die Meinung zu sagen, während Maria zu Hause weinte und mit ihrer Trauer allein sein mußte.

Ich erwähnte dies einer Freundin gegenüber, deren Mann kürzlich gestorben war, und sie identifizierte sich sofort mit Maria. Erst jetzt, sechs Monate später, ist sie in der Lage, mit anderen Leuten zusammenzusein, ohne einen Zusammenbruch zu riskieren. Ich kenne eine andere Frau, die am Tag nach dem Tod ihres geliebten Mannes einem Wohltätigkeitsladen beitrat, weil sie Beschäftigung und so viele Leute wie möglich um sich brauchte. Ganz offensichtlich gibt es keinen *richtigen* Weg, und die Reaktion Jesu auf seine beiden lieben Freundinnen zeigte, daß er sie beide liebte und gleichermaßen mit ihnen fühlte.

Gebet

Lieber Vater,

wir glauben so leicht, wir *wüßten*, was ein anderer tun oder empfinden sollte, weil wir eben selbst so auf eine Situation reagieren würden. Hilf uns, unser Denken von allen Vorurteilen zu befreien und heute Zeit damit zu verbringen, auf dich zu hören, damit wir, wenn wir dir heute auf irgendeine kleine Weise nützlich sein können, es nicht versäumen, nur weil wir so beschäftigt damit sind, anderen Leuten aufzuzwingen, was wir meinen, das sie tun sollten, und wie wir denken, daß sie sein sollten. Amen.

Alles herauslassen

Johannes 11, 20 – 27

Als Marta nun hörte, daß Jesus kommt, geht sie ihm entgegen; Maria aber blieb daheim sitzen.

Da sprach Marta zu Jesus: Herr, wärst du hier gewesen, mein Bruder wäre nicht gestorben. Aber auch jetzt weiß ich: Was du bittest von Gott, das wird dir Gott geben.

Jesus spricht zu ihr: Dein Bruder wird auferstehen.

Marta spricht zu ihm: Ich weiß wohl, daß er auferstehen wird – bei der Auferstehung am Jüngsten Tage.

Jesus spricht zu ihr: Ich bin die Auferstehung und das Leben. Wer an mich glaubt, der wird leben, auch wenn er stirbt; und wer da lebt und glaubt an mich, der wird nimmermehr sterben. Glaubst du das?

Sie spricht zu ihm: Ja, Herr, ich glaube, daß du der Christus bist, der Sohn Gottes, der in die Welt gekommen ist.

Ich liebe diese Frau! Nie wieder soll sie jemand als Langweilerin herabsetzen. Ich liebe es, mir vorzustellen, wie sie sich die Schürze vom Leib riß, die Tür hinter sich zuknallte und ihre Röcke hob, um die Straße hinunter Jesus entgegenzurennen und ihm die Meinung zu sagen.

In einem Atemzug macht sie ihrem Freund bittere Vorwürfe, weil er nicht rechtzeitig gekommen ist, um ihren Bruder zu retten, und im nächsten offenbart sie ein erstaunliches Zutrauen zu ihrem Meister. Die Tatsache, daß Lazarus schon seit vier Tagen tot ist, könnte ihre Zuversicht verständlicherweise ein wenig geschmälert haben, aber sie sagt: »Auch jetzt weiß ich: Was du bittest von Gott, das wird Gott dir geben«, und dann beweist sie sowohl ihr Verständnis der Heiligen Schrift als auch ihre prophetische Erkenntnis, daß Jesus der Christus ist, der Sohn Gottes.

Ich kann mir nicht helfen; ich wünschte, auch wir wären wie Marta in der Lage, die Straße hinabzurennen und Jesus wirklich von Angesicht zu Angesicht gegenüberzutreten, wenn Krisen uns überwältigen. Was immer Marta empfunden haben mag, bevor sie vor ihm stand, löste sich offenbar in der Greifbarkeit seiner Gegenwart in Nichts auf. Plötzlich würde alles wieder gut werden, weil er endlich da war.

Ich kenne eine Menge Leute, die Gott eine Menge Dinge zu sagen haben, wenn sie ihm begegnen, mich selbst eingeschlossen! Gerade jetzt, während ich dies schreibe, kämpfe ich mit einer Menge Zorn und Verwirrung über den vorzeitigen Tod einer lieben Freundin – und in ganz Großbritannien versuchen Leute mit der Tatsache fertig zu werden, daß ein Amokschütze in einer Grundschule in Schottland ein ganzes Klassenzimmer voller Kinder niedergemäht hat.

Ich glaube nicht, daß es viel Sinn hätte, sich eine saubere, geistliche Erklärung für eine so grausige, unnütze Tragödie zu überlegen. Aber ich glaube, wir *dürfen* Gott unsere Verwirrung entgegenschleudern: Wo warst du? Wie konntest du das zulassen? Ist es dir gleichgültig? Siehst du nicht, daß es solche Dinge sind, die mögliche Nachfolger abschrecken und deine Kinder zum Straucheln bringen?

Mein einziger Trost in solchen Zeiten ist das Wissen, daß immer dann, wenn Menschen inmitten ihrer Verzweiflung tatsächlich Jesus begegneten, irgend etwas an ihm ihre Hoffnung wieder aufleben ließ – und ihnen irgendwie das völlige Vertrauen einflößte, daß er mit ihnen mittendrin steckte.

Gebet

Lieber Vater,
    wir müssen heute mit dir reden. Wir müssen dir mit aller Deutlichkeit sagen, wie wir über etwas denken, das in unserem Leben

oder im Leben unserer Freunde geschehen ist. Danke, daß du dir Martas ehrlichen und verletzenden Ausbruch so liebevoll angehört hast. Bitte höre heute auch auf uns, wenn wir unsere tiefen Gefühle der Verwirrung herauslassen, vielleicht, nachdem wir sie lange Zeit in unserem Innern eingeschlossen haben. Hilf uns, daß wir uns endlich von dir in die Arme nehmen lassen. Amen.

Jesus weinte

Johannes 11, 28–29. 32–35

Und als sie das gesagt hatte, ging sie hin und rief ihre Schwester Maria heimlich und sprach zu ihr: Der Meister ist da und ruft dich.

Als Maria das hörte, stand sie eilend auf und kam zu ihm. ... Als nun Maria dahin kam, wo Jesus war, und sah ihn, fiel sie ihm zu Füßen und sprach zu ihm: Herr, wärst du hier gewesen, mein Bruder wäre nicht gestorben.

Als Jesus sah, wie sie weinte und wie auch die Juden weinten, die mit ihr gekommen waren, ergrimmte er im Geist und wurde sehr betrübt und sprach: Wo habt ihr ihn hingelegt?

Sie antworteten ihm: Herr, komm und sieh es!

Und Jesus gingen die Augen über.

Warum? Warum weinte er? Er wußte doch sicher, daß alles wieder gut werden würde für diese Familie, die er so liebte?

Fühlte er sich etwa schuldig, weil er ihren Schmerz hätte verhüten können, indem er früher gekommen wäre, aber er hatte sie leiden lassen müssen, weil er die Heilung des Lazarus als ein großes Wunder brauchte?

Oder weil Jesus wußte, daß das, was er jetzt tun würde, der Beginn seiner eigenen langen Reise in den Tod sein würde? Oder weil er als Gottes Sohn wußte, daß sie ihn nicht verstehen würden, was immer er ihnen sagte? Oder ganz einfach, weil er es nicht ertragen konnte, seine lieben Freunde in solchen Qualen zu sehen?

Was immer der Grund war, ich bin sehr froh darüber, daß er weinte.

Manchmal, besonders, seit ich Mutter bin, bin ich in Situationen gewesen, in denen ich wußte, daß der Kummer eines anderen nur vorübergehend sein würde. Ich habe aufgeschürfte Knie verpflastert und erfolglos versucht, Lieblingsspielzeuge zu reparieren. Ich habe ein Kleinkind in den Schlaf gewiegt, das völlig verzweifelt über den Verlust eines einohrigen Plüschhasen war. Ich habe an Beerdigungen von Wellensittichen und Hamstern teilgenommen. Ich habe hilflos der Qual zugesehen, die durch den Verrat eines besten Freundes ausgelöst wurde, der sich entschieden hatte, sich im Bus neben jemanden anderes zu setzen. Ich habe voller Mitgefühl Hände gehalten nach einem erfolglosen Vorsingen. Ich habe dem bebenden Kummer eines kleinen, schlammverkrusteten Fußballspielers zugehört, der gerade ein Eigentor geschossen hatte. Und ich habe das auch selbst erlebt.

Ganz langsam habe ich gelernt, daß es nutzlos ist und sogar schädlich sein kann, wenn man das Wissen weitergibt, daß solcher Kummer vorübergehend ist, nach dem Motto: »Mach dir nichts draus. Du wirst darüber hinwegkommen.« Ja, der Schmerz wird mit der Zeit nachlassen. Vielleicht hört er sogar ganz auf. Doch in diesem Moment leidet die Person, sie kann es nicht begreifen, und nichts wird je wieder so sein, wie es war.

Wenn Sie im Moment in dieser Situation sind, daß Sie jemanden brauchen, der Sie in die Arme nimmt, und das Gefühl brauchen, daß jemand, der Sie liebt, dort im Dunkeln bei Ihnen sitzt, erinnern Sie sich daran, daß Jesus weinte. Er wußte, daß er Lazarus heilen würde. Doch er weinte trotzdem. Er wird Ihren Schmerz nie herunterspielen. So, wie er nach Maria fragte, die sich in ihrem Kummer vor allen abgeschottet hatte, so fragt er nach Ihnen. Lassen Sie ihn mit Ihnen weinen.

Gebet

Lieber Vater,
  du kennst uns so gut. Du kennst den Schmerz, der uns durch Köpfe und Herzen blutet. Du kennst die Panik und Einsamkeit, die aus dem Gefühl kommt, daß es niemanden gibt, der uns verstehen kann oder will. Hilf uns, aus unserer dunklen Ecke herauszukom-

men und uns dir zuzuwenden. Hilf uns, dir all die kleinen Dinge zu sagen, die sie oder er gesagt oder nicht gesagt haben. Hilf uns dich anzuschauen, damit wir deine Tränen sehen. Amen.

»Hebt den Stein weg!«

Johannes 11,38 – 41

Da ergrimmte Jesus abermals und kam zum Grab. Es war aber eine Höhle, und ein Stein lag davor. Jesus sprach: Hebt den Stein weg!

Spricht zu ihm Marta, die Schwester des Verstorbenen: Herr, er stinkt schon; denn er liegt seit vier Tagen.

Jesus spricht zu ihr: Habe ich dir nicht gesagt: Wenn du glaubst, wirst du die Herrlichkeit Gottes sehen?

Da hoben sie den Stein weg. Jesus aber hob seine Augen auf und sprach: Vater, ich danke dir, daß du mich erhört hast.

Manche von uns haben Probleme, die stinken. Ich weiß, das ist ein äußerst abstoßendes Bild, aber ich habe Leute kennengelernt, die ein unverarbeitetes Grauen in sich trugen, das seit Jahren vor sich hinfaulte, eingeschlossen in Gräbern durch Felsbrocken, die unverrückbar sind. Oder scheinbar unverrückbar.

Manche Leute sind sich nur zu bewußt, daß das Gift schon durch die Ritzen sickert und ihre Geborgenheit gefährdet – oder gar ihren Verstand. Andere weigern sich, zuzugeben, daß da hinter dem Felsbrocken etwas ist, und versuchen verzweifelt, den Eingang zu tarnen, voller Furcht, wie sie es verkraften sollen, wenn das, was dahinter ist, jemals entdeckt wird. Manche haben sich von anderen einreden lassen, daß ihr Problem in Wirklichkeit gar nicht so tief sitzt und sich leicht beseitigen ließe, wenn sie nicht so störrisch wären.

Wenn es je eine Illustration dafür gab, daß für Gott kein Problem zu groß ist, dann muß es diese sein. Man hat das Gefühl, daß dies für Jesus ein Testfall ist, eine überwältigend anschauliche Erinnerung für die Jünger im besonderen, aber auch für alle anderen, die dabei waren, daß Gott nicht nur ein Gott der Liebe, sondern auch der Macht ist. Das ist etwas, woran sie sich während der nächsten Wochen werden klammern müssen, wenn sie mit der Machtlosigkeit ihres Herrn in den Händen der Pharisäer konfrontiert werden.

Noch bevor er in Betanien ankam, hatte Jesus ausdrücklich gesagt, daß das, was dort geschehen würde, zur Verherrlichung Gottes dienen sollte. Und er scheint absichtlich so lange ausgeblieben zu sein, um eine Situation entstehen zu lassen, die scheinbar völlig unlösbar war.

Die Reaktion der Jünger ist sehr verständlich. Wir reagieren heute auf dieselbe Weise. Wir scheinen immer noch einen sozialen Kodex zu haben, der darüber entscheidet, was für Gott angemessen ist und was er tun kann und was nicht. Das spiegelt unsere Gefühle der Unzulänglichkeit und unsere Unfähigkeit wider, mit unseren Problemen fertig zu werden. Wo zwei oder drei sich in seinem Namen versammeln, stellen sie ziemlich häufig fest, daß sie (welche Überraschung!) alle ganz sicher sind, daß Gott vollkommen mit ihrer Entscheidung übereinstimmt, das Problem zu ignorieren, zu verschieben oder dem Leidtragenden zuzuschieben.

Ich sage das aus meiner jahrelangen Erfahrung in der Sozialarbeit in Heimen heraus. Das Muster läuft folgendermaßen ab: Ein Kind trifft ein, das in seinem letzten Heim ein so entsetzliches Problemverhalten an den Tag gelegt hat, daß eine Besprechung abgehalten wurde, auf der man entschied, daß das Kind (in seinem ureigensten Interesse und keinesfalls deshalb, weil es die Sozialarbeiter ans Ende ihrer Kräfte gebracht hat und sie sich seinetwegen blöd vorkamen) in eine andere Einrichtung überführt werden sollte.

Bei der Ankunft wird dem Kind versichert, daß es langfristig bleiben darf und daß dies der ideale Ort für es ist. Drei Monate später wird erneut eine Besprechung abgehalten. Man einigt sich in dem tiefen Bewußtsein, nur an das Wohlergehen des Kindes denken zu dürfen, daß es in eine andere Einrichtung überführt werden sollte – keinesfalls deshalb, weil es die Sozialarbeiter ans Ende ihrer Kräfte gebracht hat und sie sich seinetwegen blöd vorkamen!!

Das soll nicht witzig sein. Wenn ein Kind als zu schwierig angesehen wird, als daß man mit ihm fertig werden könnte, verschafft ihm das vielleicht kurzfristig ein Gefühl der Macht, und ganz bestimmt verschafft es ihm einen Ruf, der gepflegt sein will. Aber es wird auch die entsetzliche Angst verstärken, daß das, was es in sich hat, so furchtbar ist, daß ihm niemand helfen kann.

Das Ergebnis ist zweifach: eine erschreckende Eskalation des Verhaltens, das zu der Verlegung führte, und eine immer stärkere Isolation von den Entscheidungsbefugten, die die Chance vertan haben, die sie einmal hatten, den Felsbrocken zur Seite zu rollen und gegen das Gift im Innern anzugehen.

Ich habe eine junge Freundin, der das Gefühl vermittelt wurde, sie sei eine Art Freak, weil das Problem, das sie hat (und das sie nicht einmal selbst hervorgerufen hat), sich als zu groß für die Leiter ihrer Gemeinde erwiesen hat. »Sie sagten, sie würden mit mir nicht fertig«, erzählte sie eines Abends schluchzend. »Bin ich so schrecklich, so schmutzig, daß nicht einmal Gott etwas von mir wissen will?«

Natürlich wissen wir nicht immer, was zu tun ist. Ich denke manchmal, daß ich es niemals weiß! Manche Probleme sitzen so tief, daß jemand mit Kenntnissen auf diesem speziellen Gebiet nötig ist, um mit der Person zu arbeiten – und wenn wir versuchen, selbst daran herumzudoktern, machen wir womöglich alles nur schlimmer. Aber das ist eine ganz andere Sache als anzudeuten, daß Gott entweder nicht damit fertig werden könne, sich seine Hände nicht schmutzig machen wolle oder die Person einfach nicht genug lieben würde, um es zu wollen.

Gebet

Lieber Vater,

wir sind mal wieder in zu tiefe Gewässer geraten! Gib uns heute den Mut dazu, anzufangen, den Felsbrocken wegzurollen, den wir vor den Eingang zu unseren tiefsitzenden, ungelösten Problemen gewälzt haben, und dir zu erlauben, in die Dunkelheit dahinter hineinzusehen. Stärke unser Vertrauen zu dir, daß du nicht schokkiert oder angewidert sein wirst von dem, was du finden wirst. Hilf uns, an deine Liebe und Weisheit zu glauben, damit wir langsam, mit dir an unserer Seite, anfangen können, die angemessene Hilfe zu suchen, und schließlich zulassen, daß unser Leben in deinem heilenden Wasser reingewaschen wird. Amen.

Bitte greife ein

Johannes 11,43–44

Als er das gesagt hatte, rief er mit lauter Stimme: Lazarus, komm heraus!

Und der Verstorbene kam heraus, gebunden mit Grabtüchern an Füßen und Händen, und sein Gesicht war verhüllt mit einem Schweißtuch. Jesus spricht zu ihnen: Löst die Binden und laßt ihn gehen!

Es ist nicht leicht, ein Zuschauer zu sein. Es ist nicht angenehm, sich hilflos zu fühlen. Aber was können wir tun, um die Gefühle der Unzulänglichkeit zu vermeiden, die uns in die Art von Versuchung führen, von denen im vorherigen Text die Rede war? Damit hatte ich schon immer Schwierigkeiten. Adrian, mein Mann, sagt, als er mich kennenlernte, wäre ich, bildlich gesprochen, mit Eimer und Schrubber um meine Freunde herumgerannt und hätte versucht, Probleme aufzuwischen, die ich unmöglich lösen konnte.

Vor einigen Jahren ging eine liebe Freundin durch das grauenhafte Erlebnis, daß ihr Mann sie wegen einer anderen Frau verließ. Da sie in dem Glauben aufgewachsen war, daß eine christliche Ehe unweigerlich irgendwie gutgehen mußte, war sie völlig am Boden zerstört. Warum war das geschehen? Wie hatte Gott das zulassen können? Was hatte sie falsch gemacht? Warum hatte ihr niemand etwas gesagt? Was für ein Mensch war sie, war er?

Ich fühlte mich völlig hilflos. Nichts wünschte ich mir sehnlicher, als die Sache für sie in Ordnung zu bringen, ihr die Qualen wegzunehmen, die auf ihr lasteten, und ihr die Zuversicht zurückzugeben, die ihr zerstört worden war. Hilflos sah ich zu, wie sie, um mit ihrem Alltag fertig zu werden und für ihr Kind zu sorgen, den Schmerz immer weiter nach innen verdrängte und einen Felsbrocken vor den Eingang wälzte. Diesmal trieb mich meine Verzweiflung dazu, mich ehrlich zu meinen Begrenzungen zu stellen.

»Ich würde dir gern sagen, daß ich für dich da bin, wann immer du mich brauchst«, sagte ich, »aber ich weiß, daß ich das nicht kann. Ich weiß, daß ich dich im Stich lassen werde. Ich weiß, daß es Momente geben wird, mitten in der Nacht, in denen du vollkommen allein und verzweifelt sein wirst und ich nicht einmal etwas davon ahnen werde. Ich möchte dir deinen Schmerz abnehmen, aber ich weiß, daß ich nur das Falsche sagen und tun werde. Ich werde vergessen, für dich zu beten. Aber ich habe dich lieb und werde mein Bestes tun.«

Es war das Beste, das ich tun konnte. Wir beide fühlten uns von dem Druck befreit, besser mit der Sache fertig zu werden, als wir konnten. Und ich lernte eine der wertvollsten Lektionen meines Lebens. Ja, es gibt jede Menge Situationen, die zu schwierig sind, als daß wir sie in Ordnung bringen könnten. Wir können den Schmerz nicht wegnehmen. Wir vollbringen keine Wunder. Aber wir können eine Menge tun, um zu helfen, den Stein wegzurollen. Einige davon werden aus diesem Abschnitt deutlich.

Wir können Gott um Hilfe bitten. Wir können hören, beobachten und beten, so daß wir, wenn die Zeit kommt, uns angemessen so einschalten können, wie er es will. Wir können die Hilfe von Fachleuten suchen und uns der beängstigenden Aufgabe stellen, zum ersten Mal die Quelle des Gestanks zu betrachten. Wenn es dann tatsächlich zur Heilung kommt, können wir helfen, langsam und behutsam die Grabtücher abzunehmen, die schmutzigen Überreste von Furcht und Panik, die noch haften. Dann können wir der Person vertrauen und sie unterstützen und ihre Unabhängigkeit von uns fördern. Und wir können ihr ein Freund sein, wie kostspielig das auch sein mag.

Gebet

Lieber Vater,

heute möchte ich zurücktreten und dich alle Aspekte der Dinge in die Hand nehmen lassen, die mir zu schaffen machen. Hilf mir, meine Rolle bei alledem anzunehmen und dir die chirurgischen Instrumente anzureichen, die du brauchst. Bitte laß mich nicht dazwischenpfuschen und durcheinanderbringen, was du tust, und bitte hindere mich daran, mehr anzubieten, was Fachkenntnis und Zeit betrifft, als ich wirklich bieten kann. Ja, Vater, bitte greife ein in alles, was ich heute tue. Amen.

Nutze Gottes Gabe

Johannes 12,1–3

Sechs Tage vor dem Passafest kam Jesus nach Betanien, wo Lazarus war, den Jesus auferweckt hatte von den Toten.

Dort machten sie ihm ein Mahl, und Marta diente ihm; Lazarus aber war einer von denen, die mit ihm zu Tisch saßen.

Da nahm Maria ein Pfund Salböl von unverfälschter, kostbarer Narde und salbte die Füße Jesu und trocknete mit ihrem Haar seine Füße; das Haus aber wurde erfüllt vom Duft des Öls.

Was für eine berauschende Mischung aus Freude und Schmerz muß an jenem Abend in Betanien geherrscht haben! Die beiden Schwestern haben ein Festmahl bereitet, um sich bei ihrem lieben Freund zu bedanken, und bei ihm und den Jüngern sitzt der Bruder, der ihnen auf so wunderbare Weise zurückgegeben wurde. Was gab es da zu feiern!

Doch wie hohl muß ihr Jubel gewirkt haben angesichts der anschwellenden Atmosphäre des Hasses gegen Jesus. Was besonders schrecklich für sie gewesen sein muß, ist die Tatsache, daß dieser Haß unter anderem von Juden kam, die das Wunder mit angesehen hatten, als Lazarus ins Leben zurückgerufen wurde. Wie erschreckend, daß etwas, das so offensichtlich durch Liebe motiviert war, sich für Leute, die wegen seiner steigenden Popularität eifersüchtig waren, als der Tropfen erwies, der das Faß zum Überlaufen brachte. Gerüchten zufolge stand sogar Lazarus' Leben auf dem Spiel.

Was sollte aus ihnen allen werden? Würde dies der letzte Abend sein, an dem sie gemeinsam bei Tisch saßen, aßen, redeten und lachten; das letzte Mal, daß Marta geschäftig um sie herumeilte und sie bediente; das letzte Mal, daß diese besondere Stille sich herabsenkte, wenn ihr Freund Jesus eine seiner wunderbaren Geschichten begann ...?

Plötzlich wird Martas Versuch, die Normalität aufrechtzuerhalten, zuviel für Maria, und sie läßt alles Gefühl für Anstand fahren und gießt impulsiv ihre kostbarste Salbe über die Füße ihres Herrn und trocknet sie mit ihren Haaren. Oh, Maria, worauf kommt es denn noch an als darauf, daß er erfährt, daß du verstanden hast, und wie könntest du es ihm besser zeigen, als indem du deinen Ruf und deinen kostbarsten Besitz in einem herrlichen Moment der Anbetung opferst? Wie er dich in diesem Augenblick geliebt haben muß – nicht für das, was du tatest, sondern einfach dafür, daß du so »du« warst. Das Haus wurde vom Duft erfüllt, lesen wir.

Ich weiß nicht, wie es bei Ihnen ist, aber ich bin schon manchmal in Situationen gewesen, in denen ich spürte, daß ich genau im richtigen Moment einen Krug voller unbezahlbaren Öls in meinem Besitz habe. Ich habe intuitiv in mir die Worte, das Verständnis oder die Geste, die den Raum mit dem Duft der Heilung, der Barmherzigkeit oder der Vergebung erfüllen könnte. Aber ich habe es vorgezogen, meinen Krug unangebrochen wieder mit nach Hause zu nehmen. Vielleicht hatte ich Angst davor, mich zum Narren zu machen, oder ich war mir unsicher, wie meine Geste aufgenommen werden würde. Vielleicht habe ich nicht genug Anteil genommen, oder ich war wütend oder gleichgültig oder beleidigt. Was immer meine Motivation war, ich ließ meine Chance verstreichen, eine wichtige Aufgabe für Gott zu erfüllen, eine Aufgabe, die von Gott auf meine Persönlichkeit zugeschnitten war.

Wenn ich ehrlich bin, glaube ich nicht, daß die meisten Gemeinden die Gaben der impulsiveren Persönlichkeiten in ihrer Mitte angemessen schätzen. Ihnen wird in vielen Situationen, in denen sich die Martas dieser Welt leicht einfügen, oft das Gefühl gegeben, sie benähmen sich unbeholfen und ungehörig. Und ihre Sünden neigen wirklich dazu, ziemlich offensichtlich zu sein. Sie fallen nicht, sie stürzen ab! Doch Gott hat ihnen einige seiner herrlichsten Geschenke gegeben, in dem Wissen, daß sie sie großzügig weiterverteilen werden. Da ich selbst ein wenig von Maria in mir habe und unzählige Fehler mache, während ich durchs Leben stolpere, macht es mir große Freude, zu erkennen, daß sie an diesem bewegenden Abend etwas absolut richtig gemacht hat.

Gebet

Lieber Vater,

hilf uns heute, den Inhalt unseres Ölkruges zu betrachten. Was haben wir in unserem Besitz, das wir großzügig für dich vergießen könnten? Gibt es eine Situation, in der wir absichtlich auch nur eine kostbare Unze Worte oder Gesten zurückgehalten haben, die anderen Trost und Unterstützung hätte bringen sollen? Es tut uns so leid, Vater. Bitte gib uns eine neue Chance, die einzigartige Gabe, die du jedem von uns gegeben hast, so zu gebrauchen, wie du es willst. Amen.

Der Augenblick ist alles

Johannes 12,4 – 11

Da sprach einer seiner Jünger, Judas Iskariot, der ihn hernach verriet:

Warum ist dieses Öl nicht für dreihundert Silbergroschen verkauft worden und den Armen gegeben?

Das sagte er aber nicht, weil er nach den Armen fragte, sondern er war ein Dieb, denn er hatte den Geldbeutel und nahm an sich, was gegeben war.

Da sprach Jesus: Laß sie in Frieden! Es soll gelten für den Tag meines Begräbnisses.

Denn Arme habt ihr allezeit bei euch; mich aber habt ihr nicht allezeit.

Da erfuhr eine große Menge der Juden, daß er dort war, und sie kamen nicht allein um Jesu willen, sondern um auch Lazarus zu sehen, den er von den Toten erweckt hatte.

Aber die Hohenpriester beschlossen, auch Lazarus zu töten; denn um seinetwillen gingen viele Juden hin und glaubten an Jesus.

Das ist interessant, nicht wahr? Aus dem Kontext gerissen, könnte es Wasser auf die Mühlen der Gesundheits- und Wohlstandsfanatiker sein, wenn Jesus selbst sagt: »Arme habt ihr allezeit bei euch ...« Ziemlich ungewöhnlich. Judas hatte doch nicht ganz unrecht. Und dennoch, und dennoch. Dies ist derselbe Jesus, der während seiner drei Wirkungsjahre stets auf die Schwachen, die Armen, die Leidenden, die aus der Gesellschaft Ausgestoßenen zuging. Die Seligpreisungen lassen keinen Zweifel daran, wie er über die Armen und Verwundbaren dachte.

Was wir hier sehen, ist die herrliche Wahrheit, daß jede Situation einzigartig ist, wie oft wir ihr auch begegnen mögen. Und gelegentlich wird von uns erwartet werden, daß wir unsere normale Routine verlassen und etwas ganz wunderbar Bizarres tun. So, wie Paulus es nur einmal für richtig hielt, den Kurs zu ändern und nach Mazedonien zu gehen, obwohl es viel logischer erschien, weiter nach Bithynien zu ziehen. In neun von zehn Fällen dürfte es also richtig sein, den allgemeinen Regeln der Barmherzigkeit und der Vernunft zu gehorchen, die Jesus immer wieder niedergelegt hat. Doch in diesem einen Fall war es anders.

1995 besuchten wir Soweto und nahmen an einem der vielen täglichen Gottesdienste teil, die Nick Misupi in einem Missionszelt abhielt. Die aufwallende Freude, die tief empfundenen Emotionen und der herrliche, rhythmische Gesang, der das Zelt erschütterte, das sich an den Nähten regelrecht nach außen wölbte, lassen sich mit Worten nicht beschreiben. Als Adrian die Gelegenheit hatte, der Versammlung zu sagen, was für ein Vorrecht es für uns war, mit unseren Brüdern und Schwestern in Soweto zusammen Gottesdienst zu feiern, hätte das dröhnende »Amen!« beinahe das Zelt flachgelegt!

Hinterher, nachdem wir uns vergewissert hatten, daß wir damit keinen Anstoß erregen würden, verbrauchten wir meterweise Film für die Kinder der Gemeinde – und ihre strahlenden, offenen Gesichter erinnern uns jetzt noch von unserem Kaminsims aus an diese bezaubernde Zeit.

Doch ein Foto bedeutet mir mehr als alle anderen. Es ist ein Foto von einem Haufen Matratzen, Stühlen, Radios, Fahrrädern und unzähligen anderen Gegenständen, die in einem kleinen Schuppen hinter dem Zelt bis zur Decke gestapelt waren. Als Nick uns das zeigte, leuchtete sein breites Zulugesicht vor Freude. Offenbar kommen nach jeder Versammlung die Neubekehrten (und das sind etwa fünfzig pro Tag) in die Seelsorge. Dort wird ihnen gesagt, daß die Kosten der Nachfolge Jesu sehr hoch sind und daß sie als Symbol ihres neuen Lebens alle Gegenstände, die sie vom weißen Mann gestohlen haben, zurückgeben und ihre Waffen abliefern müssen.

Die Waffen werden bei der Polizei abgegeben, und das Diebesgut wird in diesem kleinen Schuppen gesammelt und einmal in der Woche verbrannt. Ein Symbol dafür, daß sie für die Sünde gestorben sind und ein neues Leben beginnen. Unsere ganze Familie war davon tief bewegt, und Adrian erzählte davon in einem regelmäßigen Brief, den er für die Bible Society schreibt. Daraufhin bekam er eine sehr wütende Antwort von einer Dame, die ganz empört über diese Verschwendung wertvoller Güter war. Für sie war es offensichtlich, daß die Gegenstände an die Armen und Bedürftigen verteilt werden sollten.

Als ich den Brief las, war ich für einen Moment völlig verwirrt. Was dachte sich Nick dabei? Im nächsten Augenblick wußte ich es. Sein gesamter Dienst und der seiner Mitpastoren war, nach dem Vorbild Jesu, ganz darauf ausgerichtet, die Leiden der Armen zu lindern. Aber diese Güter zu verteilen wäre völlig falsch gewesen. Sie waren gestohlen. Sie repräsentierten eine alte Lebensweise. Sie standen für die Sünde, von der man sich abgewandt hatte. Wie nützlich sie auch immer hätten sein können, in dieser Situation war es richtig, sie zu verschwenden.

Also zurück zu Maria und ihrem kostbaren Nardenöl. Bei dieser einzigartigen Gelegenheit mußten Regeln gebrochen und mußte das bevorstehende Opfer auf extravagante Weise hervorgehoben werden. Darum mußten für einen Moment die Armen warten. Der Augenblick war alles.

Und damit sind wir bei uns. Für Leute, die ständig großzügig mit Nardenöl um sich werfen, wird es Zeiten geben, in denen die göttliche Ausnahme von unserer Regel darin besteht, Zurückhaltung zu üben. Für den sparsamen Haushalter wird es Situationen geben, in denen es richtig ist, ein bißchen mit Nardenöl um sich zu werfen. Es wird für jeden von uns gottgegebene Gelegenheiten geben, die Situationen, in denen wir uns befinden, auf eine höhere Ebene zu heben. Wenn wir ein offenes Ohr für den Heiligen Geist haben, werden wir sie entdecken. Aber ich glaube, wir werden vielleicht überrascht sein über das, was er von uns erbitten wird!

Gebet

Öffne unsere Ohren, Herr.

Hilf uns heute, zu hören, was der Heilige Geist uns für dich zu tun bittet, für wie überraschend wir es auch halten mögen. Amen.

Der Mut, schwach zu sein

Johannes 12,42–43
Doch auch von den Oberen glaubten viele an ihn; aber um der Pharisäer willen bekannten sie es nicht, um nicht aus der Synagoge ausgestoßen zu werden. Denn sie hatten lieber Ehre bei den Menschen als Ehre bei Gott.

O je, ich glaube, das trifft wirklich den Kern, warum die meisten von uns sich nicht stärker öffentlich zu ihrem Glauben bekennen. Wir haben alle unsere Synagogen, aus denen wir aus diesen oder jenen Gründen nicht ausgestoßen werden wollen, und manche von uns haben sogar ihren eigenen Pharisäer im Nacken, dem es eine Freude wäre, unsere Ausstoßung voranzutreiben. Offensichtlich hätte es für führende Juden zur Zeit Jesu sehr ernste Konsequenzen gehabt, wenn sie aus der Synagoge ausgestoßen worden wären. Zumindest wäre es bestimmt der Karriere nicht dienlich gewesen. Für die meisten von uns bedeutet es schlimmstenfalls, daß wir mit den lächerlichen Karikaturen auf eine Stufe gestellt werden, für die Fernseh-Sitcoms eine so große Vorliebe haben. Also warum bedeutet es uns so viel?

Vor kurzem hatte ich eine interessante Gelegenheit, zu entdecken, was für ein erbärmlicher Schwächling ich bin. Ich nahm an einem Kurs teil, mit dem ich mich auf den Wiedereinstieg in meine Tätigkeit als Grundschullehrerin vorbereiten wollte. Es war das erste Mal seit einigen Jahren, daß ich mich in einer großen Gruppe von Leuten befand, die nicht unbedingt etwas mit dem Christentum zu tun hatten, und ich genoß jede Minute in vollen Zügen. Die einzige kleine Sorge, die ich hatte, war, daß aus den Bemerkungen einiger dieser Leute zu entnehmen war, daß in der Gruppe allgemein eine sehr schlechte Meinung über die Kirche herrschte.

Ich fühlte mich ein bißchen schuldig, aber ich genoß es so sehr, neue Freundschaften zu schließen und wieder einmal Berührung mit dem normalen Leben zu haben, daß ich mir einredete, dieses eine Mal müßte ich die Kirche nicht verteidigen, solange niemand das angriff, was ich selbst glaubte. Seit einiger Zeit hatte man mich lediglich für ein Anhängsel der Tätigkeit meines Mannes als christlicher Schriftsteller und Redner gehalten, und es war einfach schön, einmal nur um meiner selbst willen akzeptiert zu werden. Ich sagte ja schon, es war ziemlich erbärmlich!

Wie auch immer, eines Morgens war das Thema unseres Referats der Religionsunterricht. Es faszinierte mich, zu hören, was von uns als Grundschullehrern erwartet werden würde, doch die ersten Bemerkungen des Referenten trafen mich völlig unvorbereitet. »Dies ist ein umstrittenes Thema, und bevor ich im einzelnen darauf eingehe, was der nationale Rahmenlehrplan beinhaltet, würde ich gerne Ihre Ansichten zu diesem Thema hören. Ich werde durch den Raum gehen und jedem von Ihnen Gelegenheit geben, Ihre Ansichten zu äußern.«

Hier war sie endlich: Meine Gelegenheit, allen von meinem Glauben zu erzählen. Warum also wurde mir plötzlich schlecht? Warum pochte mir das Herz gegen die Rippen, und warum trocknete meine Zunge aus? Ich würde wohl kaum den Löwen vorgeworfen werden. Diese Leute waren meine Freunde. Außerdem war ich stolz auf meinen Glauben. Es war meine Chance, das Evangelium zu verkünden. Was in aller Welt war mit mir los?

Bis ich an der Reihe war, war ich so nervös, daß ich nur noch flüstern konnte. Natürlich war ich sehr erleichtert, nachdem ich es geschafft hatte zu sagen, wie wichtig mir meine Beziehung zu Jesus war – und hinterher gab es keine dramatische Veränderung in der Art, wie die Leute mir begegneten. Aber ich wußte, daß da eine Kluft war. Abgesehen davon, daß sie sich für alles entschuldigten, wovon sie meinten, daß es mich verletzen könnte, breitete sich eine Art unausgesprochenen Mitleids mir gegenüber aus.

Ich war in ihren Augen zu einem dieser merkwürdigen, bedauernswerten Menschen geworden, die die Religion als Krücke brauchten oder die durch Gehirnwäsche dazu gebracht worden waren, etwas zu glauben, das sie selbst in ihrer Abgeklärtheit längst als Unsinn erkannt hatten. Ich habe eine Freundin, die seit vielen Jahren in einer Gruppe für Mißhandlungsopfer mitarbeitet. Wie sie mir erzählt, lädt diese Gruppe alle möglichen Leute als Referenten ein, aber auf keinen Fall einen Christen, aus eben diesen Gründen.

Ich weiß, daß mein Erlebnis harmlos war im Vergleich zu den fürchterlichen Aggressionen, denen viele Christen an ihrem Arbeitsplatz und zu Hause ausgesetzt sind. Aber ich erinnere mich sehr deutlich an den Spott, den ich vor Jahren in meiner Zeit als Mitarbeiterin in einem Kinderheim manchmal ertragen mußte.

Mit Schwachheit in Verbindung gebracht zu werden, ist immer schwierig, und es gibt keinen Zweifel, daß für die allermeisten Leute heutzutage das Christsein eine wenig ehrenvolle Sache ist. Es gilt entweder als verstaubt und irrelevant oder als lächerlich und unwirksam. Dazu kommt die Tatsache, daß wir versuchen, freiwillig die Waffen der aggressiven Entgegnung niederzulegen, und unsere neue Munition, die darin besteht, Angriffe zu absorbieren und uns um Vergebung zu bemühen, erscheint im grellen Neonlicht der Welt als kümmerlich.

Aber vielleicht geht es um noch Grundsätzlicheres. Wir alle sind darauf angewiesen, gemocht und akzeptiert zu werden, und es ist nun einmal so, daß man die Ehre bei den Menschen regelrecht *hören* kann, während man auf die Ehre bei Gott *vertrauen* muß!

Gebet

Lieber Vater,

hilf uns, uns daran zu erinnern, daß wir etwas haben, worauf wir wirklich stolz sein können, etwas, wofür es sich lohnt, uns aus den Synagogen ausstoßen zu lassen. Gib uns den Mut, herabsetzenden Beleidigungen und herablassendem Mitgefühl ins Gesicht zu lachen. Vergib uns, wo wir von deiner Seite gewichen sind, nur um von einer Gruppe von Leuten akzeptiert zu werden, die dich nicht kennen. Amen.

»Ja« zum Abenteuer

In manchen Bereichen der protestantischen Kirchen entwickelt sich so eine Art Tabu gegen die bloße Erwähnung der Maria. Man hat den Eindruck, daß hier wieder einmal das Kind mit dem Bade ausgeschüttet wird. In unserer Entschlossenheit, zu zeigen, wie wenig uns ihre Stellung als »meist angebetete Heilige« in der katholischen Kirche beeindruckt, scheinen wir unfähig geworden zu sein, uns überhaupt mit ihr zu befassen. Erwähnen wir sie doch einmal, wie es vor Weihnachten obligatorisch ist, so ist es oft ihre Eigenschaft der Sanftmut, die betont wird, und die Tatsache, daß sie in den Krippenspielen der Grundschulen meistens von dem kleinsten und süßesten Mädchen dargestellt wird, trägt nichts dazu bei, diesen Mythos zu zerstreuen.

Ich persönlich glaube, daß sie nicht nur das ganz besondere Augenmerk ihres himmlischen Vaters genießt, sondern eine der zähesten und mutigsten Jüngerinnen war, die ihr Sohn und Erlöser jemals hatte. Geben wir ihr also eine Chance, und zwar außerhalb des Kontextes von Weihnachten, uns zu lehren, was es heißt, ein Kind Gottes und ein Jünger Jesu zu sein.

»Ja« zum Abenteuer

Lukas 1, 26–38

Und im sechsten Monat wurde der Engel Gabriel von Gott gesandt in eine Stadt in Galiläa, die heißt Nazareth, zu einer Jungfrau, die vertraut war einem Mann mit Namen Josef vom Hause David; und die Jungfrau hieß Maria.

Und der Engel kam zu ihr hinein und sprach: Sei gegrüßt, du Begnadete! Der Herr ist mit dir!

Sie aber erschrak über die Rede und dachte: Welch ein Gruß ist das? Und der Engel sprach zu ihr: Fürchte dich nicht, Maria, du hast Gnade bei Gott gefunden. Siehe, du wirst schwanger werden und einen Sohn gebären, und du sollst ihm den Namen Jesus geben.

Der wird groß sein und Sohn des Höchsten genannt werden; und Gott der Herr wird ihm den Thron seines Vaters David geben, und er wird König sein über das Haus Jakob in Ewigkeit, und sein Reich wird kein Ende haben.

Da sprach Maria zu dem Engel: Wie soll das zugehen, da ich doch von keinem Mann weiß?

Der Engel antwortete und sprach zu ihr: Der heilige Geist wird über dich kommen, und die Kraft des Höchsten wird dich überschatten; darum wird auch das Heilige, das geboren wird, Gottes Sohn genannt werden.

Und siehe, Elisabeth, deine Verwandte, ist auch schwanger mit einem Sohn, in ihrem Alter, und ist jetzt im sechsten Monat, von der man sagt, daß sie unfruchtbar sei. Denn bei Gott ist kein Ding unmöglich.

Maria aber sprach: Siehe, ich bin des Herrn Magd; mir geschehe, wie du gesagt hast. Und der Engel schied von ihr.

Dieses Mädchen sollte nie wieder als gefügig dargestellt werden. Sie war offensichtlich jung, und sie war eine Jungfrau, aber Gefügigkeit und Jungfräulichkeit gehören nicht automatisch zusammen. Gefügigkeit und Jugend auch nicht. (Ich glaube, das taten sie noch nie.)

Als sie sich mit diesem außergewöhnlichen Verlangen einverstanden erklärte, zeigte sie einen Mut, wie er in der Bibel kaum noch einmal zu finden ist. Gabriel verrät ihr nicht, daß er bei Josef für sie sprechen wird. Er verspricht ihr eigentlich gar nichts. Sie wird aufgefordert, ihre Ehe zu riskieren, ihren Ruf, vielleicht sogar ihr Leben! Doch ihre sofortige Antwort ist ein volltönendes »Ja«. Keine Vliese wie bei Gideon. Keine Ausreden wie bei Mose. Einfach nur ja.

Oft scheint es Gottes Weg mit uns zu sein, daß wir die Herausforderung annehmen, die er uns gibt, ohne zu wissen, was uns bevorsteht. Abraham mußte seine lange Reise antreten, ohne zu wissen, wohin er ging. Noah mußte eine Arche bauen, obwohl er von seinen Nachbarn deswegen verspottet wurde.

Vor einigen Jahren hatten Adrian und ich die Freude, David Watson noch einige Male zu begegnen, bevor er starb. Als wir uns das erste Mal trafen, war bei ihm gerade die Diagnose gestellt worden, daß er Krebs hatte. Er schilderte uns seinen langsamen, aber entschlossenen Weg dahin, die Möglichkeit zu akzeptieren, daß er sterben könnte, und sich gleichzeitig verzweifelt zu wünschen, geheilt zu werden. Er wollte in der Lage sein, ja zu sagen zu allem, was Gott ihm zugedacht hatte. Und als wir ihm zum zweiten Mal begegneten, hatte er es geschafft.

»Das Beste kommt noch«, war der Satz, den wir nie vergessen werden. Er war an einen Punkt gekommen, an dem er sich auf den Tod freute, aber auch bereit war, noch zu bleiben, falls das Gottes Wille sein sollte. Er hatte sich entschieden, wie Maria zu sagen: »Ich bin des Herrn Knecht, mir geschehe, wie du gesagt hast.«

Für mich als Frau ist etwas sehr Beruhigendes an dem ganzen Dialog zwischen Maria und Gabriel, und zwar die Tatsache, daß Gott beschloß, sich direkt an sie zu wenden. Josef wird nicht zuerst nach seiner Meinung gefragt. Ihr Vater wird nicht einmal erwähnt.

Ich finde, daß in manchen Bereichen der Kirche heute bei vielen Frauen das Gefühl erzeugt worden ist, ihre Beziehung zu ihrem himmlischen Vater sei wegen der Rolle des Mannes als »Haupt der Frau« irgendwie der ihres Mannes nachgeordnet, und Gott würde sich kaum zuerst an sie wenden.

Darin liegen schreckliche Gefahren. Wenn unsere Beziehung nicht unmittelbar zu Gott besteht, kann leicht alles aus dem Ruder laufen. Wir können zu viele Erwartungen daran knüpfen, daß unsere Männer uns Neuigkeiten von Gott bringen. Wir können bitter und voller Groll werden, und vor allem können wir aus dem Blick verlieren, wie sehr unser Vater uns liebt und wie wertvoll wir in seinen Augen sind.

Maria wurde direkt angesprochen, und aus ihrer Antwort geht klar hervor, daß sie bereits eine gereifte Liebe zu ihrem Herrn und das Verlangen in sich hatte, ihm gehorsam zu sein, was es auch kosten mochte. Offenbar war einer der Gründe für ihre Erwählung ihre bevorstehende Heirat mit einem Nachkommen Davids, aber es müssen im Laufe der Jahre Hunderte solcher Frauen zur Auswahl gestanden haben. Nein, ganz offensichtlich wurde Maria um ihrer selbst willen erwählt, und ebenso offensichtlich hatte sie die Wahl, den Auftrag anzunehmen oder nicht. Die Tatsache, daß Gabriel erst geht, nachdem sie gesprochen hat, zeigt, daß ihre Antwort wichtig war. Es würde nichts mit ihr geschehen, wenn sie nicht zustimmte.

Vor einigen Jahren leitete ich eine kleine Jugendgruppe, die sich nach dem Gottesdienst bei mir zu Hause traf. Als Einstieg hatte ich eines Abends einen Fragebogen vorbereitet, auf dem sie Wertungen von eins bis zehn für Dinge vergeben sollten, die sie sich von der Zukunft erhofften. Auf der Liste standen Geld, Karriere, Familie und Abenteuer. Ich war verblüfft, als ich feststellte, daß ein Mädchen für »Abenteuer« überhaupt keine Punkte vergeben hatte. Null für Abenteuer!

Maria, die ungefähr genauso alt war, hat dafür zehn gegeben.

Gebet

Lieber Vater,

wir wünschen uns so sehr, »Ja« sagen zu können zu allem, was du für uns geplant hast. Bitte hilf uns, die Dinge zu überwinden, die uns abhalten. Bei manchen von uns ist es die Furcht vor dem Unbekannten; bei manchen ist es der Mangel an Zuversicht, daß du tatsächlich einen Auftrag für uns haben könntest; bei manchen ist es so, daß wir noch nicht gelernt haben, auf dich zu hören. Hilf uns, heute dem Tag ein wenig näher zu kommen, an dem auch wir dem Abenteuer zehn Punkte geben können. Amen.

Hilf uns zur Freude

Lukas 1, 39–56

Maria aber machte sich auf in diesen Tagen und ging eilends in das Gebirge zu einer Stadt in Juda und kam in das Haus des Zacharias und begrüßte Elisabeth.

Und es begab sich, als Elisabeth den Gruß Marias hörte, hüpfte das Kind in ihrem Leibe. Und Elisabeth wurde vom heiligen Geist erfüllt und rief laut und sprach: Gepriesen bist du unter den Frauen, und gepriesen ist die Frucht deines Leibes!

Und wie geschieht mir das, daß die Mutter meines Herrn zu mir kommt?

Denn siehe, als ich die Stimme deines Grußes hörte, hüpfte das Kind vor Freude in meinem Leibe.

Und selig bist du, die du geglaubt hast! Denn es wird vollendet werden, was dir gesagt ist von dem Herrn.

Und Maria sprach:

Meine Seele erhebt den Herrn, und mein Geist freut sich Gottes, meines Heilandes;

denn er hat die Niedrigkeit seiner Magd angesehen. Siehe, von nun an werden mich selig preisen alle Kindeskinder.

Denn er hat große Dinge an mir getan, der da mächtig ist und dessen Name heilig ist.

Und seine Barmherzigkeit währt von Geschlecht zu Geschlecht bei denen, die ihn fürchten.

Er übt Gewalt mit seinem Arm und zerstreut, die hoffärtig sind in ihres Herzens Sinn.

Er stößt die Gewaltigen vom Thron und erhebt die Niedrigen.

Die Hungrigen füllt er mit Gütern und läßt die Reichen leer ausgehen.

Er gedenkt der Barmherzigkeit und hilft seinem Diener Israel

auf, wie er geredet hat zu unsern Vätern, Abraham und seinen Kindern in Ewigkeit.
Und Maria blieb bei ihr etwa drei Monate; danach kehrte sie wieder heim.

Es ist sicherlich nicht bedeutungslos, daß Gabriel Elisabeths Schwangerschaft gegenüber ihrer jungen Cousine erwähnte und wir dann unmittelbar danach lesen, daß Maria sich eilends aufmachte, um Elisabeth aufzusuchen und Zeit bei ihr zu verbringen. In Krisenzeiten brauchen wir alle jemanden, der versteht, was wir durchmachen. Manchmal ist es ein Verwandter, doch häufiger ist es jemand, der in derselben Situation ist wie wir oder war. Die meisten Selbsthilfegruppen arbeiten auf dieser Basis.

Maria hat erfahren, daß Elisabeth im selben Boot sitzt wie sie selbst; in beiden wächst durch ein Wunder ein Kind heran, und es muß ihr wie ein buchstäbliches Gottesgeschenk erschienen sein, daß sie Zeit mit jemandem verbringen konnte, der so sehr in der Lage war, sich in sie hineinzufühlen.

Was für eine Begegnung das war! Diese zwei gewöhnlichen Frauen, die nahezu platzen vor Babys und vor heiligem Geist. Welche Zuversicht muß die junge Besucherin erfüllt haben, als sie Elisabeths Worte hörte. Hier kam die Bestätigung, daß sie recht daran getan hatte, der Botschaft des Engels zu vertrauen. Hier kam die Bekräftigung, die sie brauchte, daß all das die Wahrheit war, daß sie wirklich die Mutter des Herrn werden sollte.

Für mich ist das ein ganz besonderer Teil der ganzen Geschichte. Ich liebe die Vorstellung, wie der ungeborene Johannes vor Aufregung im Leib seiner Mutter herumhüpft. Was für ein geisterfüllter Charakter er damals schon war! Ich liebe die Vorstellung, wie Elisabeth, verjüngt durch die Schwangerschaft, die (ihren eigenen Worten zufolge) ihre Schmach von ihr genommen hatte, sich um ein Mädchen kümmerte, dem möglicherweise eine noch größere Schmach bevorstand, wenn sie zurückkehrte.

Ich liebe Marias mädchenhafte Begeisterung über das, was mit ihr geschieht. Kein Wort über die Probleme. Nichts als ein herrlicher Strom von Freude und Lobpreis. Aber mehr als all das liebe ich die Tatsache, daß Gott ihnen diese kostbare Zeit miteinander schenkte. Beide Frauen werden ihre Söhne schon in jungen Jahren verlieren. Beiden wird die Freude vorenthalten bleiben, auf den Hochzeiten ihrer Söhne Tränen zu vergießen. Keine wird jemals Großmutter werden. Das Opfer, das beiden abverlangt wird, ist gewaltig. Doch für den Augenblick können sie dort oben in den Bergen Judas glücklich und geborgen sein.

Gebet

Lieber Vater,
    wir wissen, daß du bereitwillige Diener brauchst, damit dein Wille hier auf Erden geschehen kann. Wir danken dir für Maria und Elisabeth, die dir ihr Leben und das Leben ihrer Kinder so rückhaltlos zur Verfügung gestellt haben. Hilf uns, daß wir bereit sind, dasselbe zu tun, wenn du es von uns möchtest. Hilf uns zur Freude an der Aufgabe, die du uns gegeben hast, was immer sie uns kostet – und danke für die Freunde, die du uns in unseren Krisenzeiten zur Seite stellst. Amen.

Lukas 2,1. 3–12. 15–16

Es begab sich aber zu der Zeit, daß ein Gebot von dem Kaiser Augustus ausging, daß alle Welt geschätzt würde. ...

Und jedermann ging, daß er sich schätzen ließe, ein jeder in seine Stadt.

Da machte sich auf auch Josef aus Galiläa, aus der Stadt Nazareth, in das jüdische Land zur Stadt Davids, die da heißt Bethlehem, weil er aus dem Hause und Geschlechte Davids war, damit er sich schätzen ließe mit Maria, seinem vertrauten Weibe; die war schwanger.

Und als sie dort waren, kam die Zeit, daß sie gebären sollte.

Und sie gebar ihren ersten Sohn und wickelte ihn in Windeln und legte ihn in eine Krippe; denn sie hatten sonst keinen Raum in der Herberge.

Und es waren Hirten in derselben Gegend auf dem Felde bei den Hürden, die hüteten des Nachts ihre Herde.

Und der Engel des Herrn trat zu ihnen, und die Klarheit des Herrn leuchtete um sie; und sie fürchteten sich sehr.

Und der Engel sprach zu ihnen: ... euch ist heute der Heiland geboren, welcher ist Christus, der Herr, in der Stadt Davids.

Und das habt zum Zeichen: ihr werdet finden das Kind in Windeln gewickelt und in einer Krippe liegen. ...

Und als die Engel von ihnen gen Himmel fuhren, sprachen die Hirten untereinander: Laßt uns nun gehen nach Bethlehem und die Geschichte sehen, die da geschehen ist, die uns der Herr kundgetan hat.

Und sie kamen eilend und fanden beide, Maria und Josef, dazu das Kind in der Krippe liegen.

Es ist mitten im Sommer, und ich sitze hier und schreibe dies vor einem Motel in Beverly Hills, wo ich darauf warte, zu unserem ersten Konzert in Amerika abgeholt zu werden.

Heute haben wir am Santa Monica Boulevard zu Mittag gegessen und sind in Universal City einkaufen gegangen. Cool, was?

In Wirklichkeit ist mir schrecklich heiß, ich bin entsetzlich müde, unglaublich nervös und ein bißchen niedergeschlagen. Ich kann keine Haarbürste finden, wir haben all die Postkarten verloren, die wir eine Woche lang mit uns herumgeschleppt haben, und ich habe mehrere dicke Taschen voller schmutziger Wäsche und keine Möglichkeit zu waschen! Außerdem ist meine innere Uhr völlig durcheinander, weil wir gestern von Neuseeland aus hierhergereist sind, wo wir um elf Uhr abends aufbrachen, um am selben Tag um drei Uhr nachmittags hier anzukommen. Ach ja, und ich würde alles geben für eine schöne Tasse englischen Tee! Die Wirklichkeit ist ziemlich unsauber, nicht?

Zum ersten Mal in meinem Leben hatte ich Gelegenheit, mir den amerikanischen christlichen Fernsehkanal anzuschauen. Ich habe gehört, wie mir Idealgewicht, beruflicher Erfolg, Geld, Einfluß und Macht zuteil werden, wenn ich nur ja zu Jesus sage. Mir sind Verse aus so ziemlich jedem Buch der Bibel genannt worden, die diese Aussagen stützen, und alles, was dazu notwendig ist, ist eine lächerlich kleine Geldspende. So viele Worte, so viele Versprechungen. Es kommt mir immer mehr vor wie die Werbeanzeigen für Autos, die man in den Hochglanzmagazinen findet, und erinnert mich an die Wurfsendungen, die einem den Briefkasten verstopfen und einmalige Sonderangebote für alles von Doppelverglasungen bis zu Särgen verheißen, nebst den »persönlichen« computergenerierten Mitteilungen, die uns außen auf dem Umschlag (in großen Lettern) informieren, wir hätten fünfzigtausend Pfund gewonnen und uns im Innern (in extrem kleinen Buchstaben) mitteilen, dies bedeute, daß wir zusammen mit einer Million anderer glücklicher Gewinner an einer Ziehung teilnehmen könnten – wenn wir innerhalb eines Tages antworten und zustimmen, uns noch weiteres Altpapier schicken zu lassen.

Maria ist ein Beispiel für die Unwirklichkeit all dessen. Wie

Adrian einmal schrieb, scheint Gott auf etwas bizarre Weise auf die Geburt Jesu reagiert zu haben, indem er das ganze Budget für Engelseffekte verschleuderte, bis es schließlich nicht einmal mehr für ein Hotelzimmer für die auserwählte Mutter seines Sohnes reichte.

Ihr Lebensstil hat sich um keinen Deut dadurch verbessert, daß sie den Auftrag annahm, den Gott ihr zugedacht hatte. Es gab keine besonderen Bonbons, keine Vergünstigungen, keinen Bonus und keine langfristige Sicherheit. Dieselben etwas ungewöhnlichen Jobaussichten galten für Johannes den Täufer, die Jünger, Paulus und bis heute für diejenigen unter uns, die ja gesagt haben zu der Chance, Angestellte in Gottes Firma zu sein.

Die Wirklichkeit ist ganz anders als im Märchen. Ziemlich unsauber.

Nur ein Gedanke: Wäre Jesus in der Herberge geboren worden, umgeben von gurrenden Verwandten, so zweifle ich, ob die Hirten es gewagt hätten, hineinzugehen und ihn zu besuchen, schon gar nicht in ihrer Arbeitskleidung. Diese unsaubere Verwundbarkeit gab das Muster der außergewöhnlichen Zugänglichkeit vor, die das Leben Jesu so herausragend kennzeichnete, und ist ein Kennzeichen seiner engsten Nachfolger.

Aber schließlich sind die Evangelien auch keine Märchen!

Gebet

Lieber Vater,

danke, daß du uns daran erinnerst, daß das, was du uns bietest, nicht das ist, was die Welt uns bietet. Hilf uns, zu unterscheiden zwischen dem, was wir gierig für uns selbst haben wollen, und den Dingen, die wir wirklich brauchen, um uns näher zu dir zu bringen. Hilf uns, offen zu bleiben für alle Dinge und Menschen, die du in unser Leben hineinbringen willst. Bitte gebrauche uns in deinem Dienst. Amen.

Nichts verschütten!

Lukas 2, 25 – 33. 41 – 43. 46 – 49. 51

*Und siehe, ein Mann war in Jerusalem, mit Namen Simeon; und
dieser Mann war fromm und gottesfürchtig und wartete auf den
Trost Israels, und der heilige Geist war mit ihm.*

*Und ihm war ein Wort zuteil geworden von dem heiligen Geist,
er solle den Tod nicht sehen, er habe denn zuvor den Christus des
Herrn gesehen.*

*Und er kam auf Anregen des Geistes in den Tempel. Und als
die Eltern das Kind Jesus in den Tempel brachten, um mit ihm zu
tun, wie es Brauch ist nach dem Gesetz, da nahm er ihn auf seine
Arme und lobte Gott und sprach:*

*Herr, nun läßt du deinen Diener in Frieden fahren, wie du
gesagt hast; denn meine Augen haben deinen Heiland gesehen, den
du bereitet hast vor allen Völkern, ein Licht, zu erleuchten die Hei-
den und zum Preis deines Volkes Israel.*

*Und sein Vater und seine Mutter wunderten sich über das, was
von ihm gesagt wurde. ...*

*Und seine Eltern gingen alle Jahre nach Jerusalem zum Passafest.
Und als er zwölf Jahre alt war, gingen sie hinauf nach dem Brauch
des Festes. Und als die Tage vorüber waren und sie wieder nach
Hause gingen, blieb der Knabe Jesus in Jerusalem ...*

*Und es begab sich nach drei Tagen, da fanden sie ihn im Tempel
sitzen, mitten unter den Lehrern, wie er ihnen zuhörte und sie
fragte.*

*Und alle, die ihm zuhörten, verwunderten sich über seinen Ver-
stand und seine Antworten.*

*Und als sie ihn sahen, entsetzten sie sich. Und seine Mutter
sprach zu ihm: Mein Sohn, warum hast du uns das getan? Siehe,
dein Vater und ich haben dich mit Schmerzen gesucht.*

Und er sprach zu ihnen: Warum habt ihr mich gesucht? Wißt

ihr nicht, daß ich sein muß in dem, was meines Vaters ist? ... Und seine Mutter behielt alle diese Worte in ihrem Herzen.

In den frühen Jahren unserer Ehe führte Adrian seine lange unterbrochene Berufsausbildung zu Ende und kehrte an die Universität zurück, um Lehrer zu werden – und er war mit einer wichtigen Aufgabe weit im Rückstand.

»Laß mich dir helfen«, beschwor ich ihn. »Du diktierst – ich schreibe.« Was für ein idyllisches kleines Bild des jungen Eheglücks einem da vor Augen steht, nicht wahr? Vergessen Sie es! Stundenlang saß ich da, den Stift in der Hand, und sah mit steigender Frustration zu, wie er in unserem winzigen Wohnzimmer auf und ab marschierte, durch die Fernsehkanäle zappte, Kaffee kochte und trank und kein Wort hervorbrachte. Gerade in dem Augenblick, als ich drauf und dran war, den Stift hinzuschmeißen und verärgert ins Bett zu gehen, sagte er: »Okay, es geht los.« Sodann diktierte er mir einen zweitausend Wörter langen Aufsatz, ohne einmal innezuhalten. Das ganze Ding war in seinem Kopf fertig geschrieben, einschließlich aller Kommas und Punkte. Ein langsamer Filtrationsprozeß hatte stattgefunden, und das Gebräu war voller Geschmack, ohne daß auch nur ein Tropfen verschüttet worden wäre.

Viele Jahre später wurde ich an diesen Abend erinnert. Einige Monate, nachdem Adrian seinen Zusammenbruch erlebt hatte, unterzog er sich einer analytischen Therapie, bis der Streß, den wir auf uns nehmen mußten, um dafür zu bezahlen, schwerer wog als ihr Nutzen! Diese Zeit war eine schwere Belastung für mich, weil seine Therapeutin darauf bestand, daß er über seine Gedanken und Gefühle nicht mit mir sprechen dürfe, sondern sie für sie aufbewahren solle. Es solle »nichts verschüttet« werden, meinte sie.

So schwierig das für uns beide war, verstand ich schon damals, worum es ihr ging. Es wäre so leicht gewesen, die Stärke zu verwässern, indem man tassenweise schwache Weisheiten und »ähnliche« Erinnerungen hinzufügte, während Teelöffel voll Trost, die den beißenden Geschmack der bittersten Erinnerungen versüßen sollten, diese Zeit für uns hätten genießbarer machen, aber auch das

Gift überdecken und es für die Therapeutin schwerer auffindbar machen können.

Heute beobachte ich denselben Vorgang in einem anderen Zusammenhang. »Das kann unmöglich funktionieren«, »Ich sehe es einfach nicht«, »Das werden die dir nie abkaufen!« sind Sätze, auf die eine neue, noch unausgegorene Idee stoßen kann, die Adrian äußert, und solche Sätze bringen ihn dazu, an ihrem Potential zu zweifeln. Darum achtet er einfach darauf, nichts zu verschütten!

Maria scheint instinktiv verstanden zu haben, welchen Wert es hat, nichts zu verschütten. Jede neue Einsicht hielt sie in sich fest, ließ sie miteinander verschmelzen und langsam über Jahre hinweg marinieren, bis sie eine seltene Reife und Tiefe des Verständnisses für die Mission ihres Sohnes an uns entwickelt hatte. Und sie würde jeden Tropfen dieses Verständnisses brauchen, um die drei Jahre zu ertragen, die sein Lebenswerk auf dieser Erde umfaßte.

Sie würde ihn gehen lassen und auf eine Weise freigeben müssen, wie es nur wenigen Müttern je abverlangt wird. Es würde Zeiten geben, in denen die Erinnerung an diese frühen Prophezeiungen und Vorfälle das einzige war, das ihr die Gewißheit erhielt, daß er Gott sei.

Mir kommt der Gedanke, daß es manchmal, wenn uns ein winziger Einblick in das Reich Gottes geschenkt wird, sei es durch ein Wort oder durch ein Gefühl, ratsam wäre, ihn für eine Weile »in unserem Herzen zu behalten«. Ihn durch unseren Organismus filtern zu lassen, das Erlebnis als ein Kräutlein in einem Bouquet Garni zu betrachten, das unserem Leben unauffällig und langsam Aroma hinzufügen soll, statt schon allein ein Festmahl zu repräsentieren.

Wenn man sofort darüber spricht, werden die Dinge vielleicht einer Prüfung, die nicht beabsichtigt war, und einer oberflächlichen oder abschätzigen Deutung unterzogen. Behalten wir sie aber bei uns und fügen es zu allem anderen hinzu, das während einer bestimmten Zeitspanne geschieht, so gewinnen wir vielleicht ein klareres und tieferes Bild von dem, was Gott uns mitzuteilen versucht.

Gebet

Lieber Vater,

wir wissen, es gibt Zeiten, in denen es richtig ist, die Dinge sofort weiterzusagen, von denen wir glauben, daß du sie zu uns sagst. Doch es gibt andere Zeiten, in denen es wichtig erscheint, sie für uns zu behalten, sie wachsen zu lassen, sie als nur ein Teil des Gesamtbildes zu betrachten, das du in unserem Verständnis entwikkeln möchtest. Hilf uns zu unterscheiden, was wir mit den Dingen tun sollen, die du zu uns sagst, so daß wir uns nötigenfalls davor hüten können, etwas zu verschütten, und dabei in unserem Vertrauen zu dir wachsen können. Amen.

Johannes 2,1–5. 7–10

Und am dritten Tage war eine Hochzeit in Kana in Galiläa, und die Mutter Jesu war da.

Jesus aber und seine Jünger waren auch zur Hochzeit geladen.

Und als der Wein ausging, spricht die Mutter Jesu zu ihm: Sie haben keinen Wein mehr.

Jesus spricht zu ihr: Was geht's dich an, Frau, was ich tue? Meine Stunde ist noch nicht gekommen.

Seine Mutter spricht zu den Dienern: Was er euch sagt, das tut. ...

Jesus spricht zu ihnen: Füllt die Wasserkrüge mit Wasser! Und sie füllten sie bis obenan.

Und er spricht zu ihnen: Schöpft nun und bringt's dem Speisemeister! Und sie brachten's ihm.

Als aber der Speisemeister den Wein kostete, der Wasser gewesen war, und nicht wußte, woher er kam – die Diener aber wußten's, die das Wasser geschöpft hatten –, ruft der Speisemeister den Bräutigam und spricht zu ihm: Jedermann gibt zuerst den guten Wein und, wenn sie betrunken werden, den geringeren; du aber hast den guten Wein bis jetzt zurückbehalten.

Markus 3,20–21. 31–33

Und er ging in ein Haus. Und da kam abermals das Volk zusammen, so daß sie nicht einmal essen konnten.

Und als es die Seinen hörten, machten sie sich auf und wollten ihn festhalten; denn sie sprachen: Er ist von Sinnen. ...

Und es kamen seine Mutter und seine Brüder und standen draußen, schickten zu ihm und ließen ihn rufen.

Und das Volk saß um ihn. Und sie sprachen zu ihm: Siehe, deine Mutter und deine Brüder und deine Schwestern draußen fragen nach dir.

Und er antwortete ihnen und sprach: Wer ist meine Mutter und meine Brüder?

Was für ein erstaunlicher Kontrast zwischen diesen beiden Geschichten besteht – eine Zeit radikaler Veränderung sowohl im Wesen des Dienstes Jesu als auch in der Reaktion seiner Mutter.

In Kana sehen wir Maria am Ruder, auf sicherem Grund, voller Zutrauen zu ihrer Beziehung zu Jesus. Ich liebe diesen Wortwechsel: »Meine Stunde ist noch nicht gekommen« – »Was er euch sagt, das tut.«

Wie stolz muß sie gewesen sein. Wie sehr muß sie sich auf die kommenden Jahre gefreut haben, in denen sich die Prophezeiungen erfüllen würden, die sie so lange Jahre in ihrem Herzen bewahrt hatte.

Doch schon wenige Monate später hat sich alles verändert. Das glitzernde Rinnsal lebendigen Wassers, das ausreichte, um Wasser in Wein zu verwandeln, ist zu einem reißenden Strom geworden, der alles zerschmettert, was in seiner Bahn wächst, feststehende Felsen aus Regeln und Überlieferungen aus ihrer Verankerung reißt, in unbekannte Gebiete des Denkens und der Beziehungen eindringt und Schmutz und Dunkelheit und Unwissenheit davonspült. Da ist eine Wildheit in dieser unaufhaltsamen Flutwelle, und für Maria muß es schockierend und beängstigend gewesen sein, scheinbar völlig außer Kontrolle.

Statt als ein König geachtet zu werden, muß sie erleben, wie er als verrückt und gar böse verurteilt wird. Seine Brüder schämen sich offensichtlich seinetwegen und machen sich Sorgen, und sie gehen ihre Mutter holen, damit sie ihm den Kopf zurechtsetzt. Wir wissen nicht, wie sie sich dabei fühlte, als sie sich durch die Menge kämpfte. Als sie gezwungen war, ihm durch das Gedränge der Menschen eine Nachricht zu schicken und Fremde zu bitten, ihm zu sagen, er möge herauskommen und ein Wort mit ihr wechseln.

Wir können nur versuchen, uns den Schock vorzustellen, den sie empfand, als seine Antwort kam – die Verwirrung, vielleicht gar Demütigung. Warum mußte es so kommen? Vielleicht war es die einzige Möglichkeit, um das Muster zu durchbrechen. Sie zu zwingen, sich der Wahrheit zu stellen, seine Unabhängigkeit sowohl als ihr Sohn als auch als ihr Erlöser zu akzeptieren. Was wir wissen, ist, daß ihre Welt und in der Tat die Welt, die wir geerbt haben, niemals mehr dieselbe sein sollte.

Wir alle haben unsere vorgefaßten Vorstellungen, wie Gott bestimmte Dinge tun wird. Wir planen unsere Missionen, unsere Zukunft, unsere Familien. Wir wissen, was wir tun würden, wenn wir Gott wären, wie wir die Dinge anpacken würden. Nichts bereitet uns auf die Zeiten in unserem Leben vor, in denen die geistlichen Flutwellen kommen. Dann sind vertraute Orientierungspunkte in Gefahr, davongespült zu werden, und die Landschaft wird plötzlich fremd und furchteinflößend.

In solchen Zeiten haben wir bei Gott immer zwei Wahlmöglichkeiten. Wir können uns an die Ufer zurückziehen, auf trockenen Boden klettern und uns in Sicherheit bringen, aber auch in Einsamkeit. Oder wir können uns in das tosende Wasser des Geistes stürzen und uns davontragen lassen in das größte, beängstigendste Abenteuer, das wir je hatten.

Das lebendige Wasser wird störrische Felsbrocken des Zweifels, der Vorurteile und der Sünde aus der Verankerung reißen, wird den Schlamm aufwühlen, der unsere vergrabenen Erinnerungen überdeckt, und uns in einem nie erträumten Maße waschen und reinigen. Es wird uns in Gebiete tragen, die wir nie zu sehen erwartet haben, und das so schnell, wie wir nie zu reisen beabsichtigten.

Maria hatte diese Wahl.

Ich habe sie.

Sie haben sie auch.

Das einzige, dessen ich mir sicher bin, ist, daß ich nie wieder dieselbe sein werde, wenn ich mich so entscheide.

Gebet

Lieber Vater,

hilf uns, unsere Herzen zu öffnen für das, was du von uns möchtest, was es auch immer kosten mag. Unser Leben so zu öffnen, daß du uns gebrauchen kannst, wie auch immer du es willst. Hilf uns, deinen Weg zu wählen, den Weg des Unerwarteten. Hilf uns, die Ufer loszulassen und uns davonwirbeln zu lassen im schäumenden lebendigen Wasser des Heiligen Geistes und auf seine Leitung und seine Macht zu vertrauen. Amen.

Kein Märchenschluß

Apostelgeschichte 1,12–14. 2,1–4
Da kehrten sie nach Jerusalem zurück von dem Berg, der heißt Ölberg und liegt nahe bei Jerusalem, einen Sabbatweg entfernt.

Und als sie hineinkamen, stiegen sie hinauf in das Obergemach des Hauses, wo sie sich aufzuhalten pflegten: Petrus, Johannes, Jakobus und Andreas, Philippus und Thomas, Bartholomäus und Matthäus, Jakobus, der Sohn des Alphäus, und Simon der Zelot und Judas, der Sohn des Jakobus.

Diese alle waren stets beieinander einmütig im Gebet samt den Frauen und Maria, der Mutter Jesu, und seinen Brüdern. ...

Und als der Pfingsttag gekommen war, waren sie alle an einem Ort beieinander.

Und es geschah plötzlich ein Brausen vom Himmel wie von einem gewaltigen Wind und erfüllte das ganze Haus, in dem sie saßen.

Und es erschienen ihnen Zungen zerteilt, wie von Feuer; und er setzte sich auf einen jeden von ihnen, und sie wurden alle erfüllt von dem heiligen Geist und fingen an, zu predigen in andern Sprachen, wie der Geist ihnen gab auszusprechen.

Wir überspringen all die Osterereignisse, und hier finden wir Maria wieder! Dies ist die wunderbare Auflösung der Geschichte, soweit es sie betrifft. Sie war vom Anfang bis zum Ende dabei, oder vielleicht sollte ich lieber sagen: bis zu einem neuen Anfang! Ihr Sohn ist zu ihrem Herrn geworden. Jetzt ist sie nicht mehr in erster Linie Mutter. Sie ist vor allem anderen eine Jüngerin.

Was also können wir von ihr lernen? Vor allem, wie wichtig es ist, sich nicht beirren zu lassen, beharrlich zu sein, loyal zu sein. Ich kann mich des Gefühls nicht erwehren, daß wir als Gemeinde Jesu ziemlich gierig geworden sind. Zumindest einige von uns. Wie fette kleine Vogelbabys wollen wir geistliche Erfahrungen, und wir wollen sie *jetzt*! Und wenn wir sie nicht bekommen, werden wir »schreien und schreien, bis uns schlecht wird«, wie es bei Violet Elizabeth Bott heißt. Wir erwarten, daß uns eine Auswahl von Geistesgaben als Ausrüstung zugeteilt wird, sobald wir uns den Reihen der Jünger anschließen.

Wir geben unserer Langeweile Ausdruck, wenn die Gemeinde, in der wir sind, diese Forderungen nur schleppend einlöst. Wir stöhnen, wenn die Predigt unsere Aufmerksamkeit nicht gefesselt hat oder wenn der Gottesdienst ein wenig unter Niveau war. Wir wechseln die Gemeinde, wenn es uns zu zäh wird. Bitte denken Sie nicht, ich wollte Sie kritisieren. Ich beziehe mich auf mich selbst. Ich habe das alles selbst mitgemacht! Ich habe nach Vollkommenheit gesucht und schnell die Nase voll gehabt, wenn ich fand, das Leben hätte mich im Stich gelassen.

Nehmen wir zum Beispiel das letzte Osterfest. Wir hatten gehofft, den Kindern aus unserer Samstagsgruppe einen kleinen Einblick vermitteln zu können, warum Ostern so etwas Besonderes ist. Ich half einem ziemlich kunterbunten Haufen Kindern dabei, winzige Gärten herzustellen. Wenn Sie nicht auf den riesigen Haufen Schlamm und Chaos draußen geachtet und sich nur die Reihen der Folienschalen angesehen hätten, die allesamt kleine, grasbewachsene Hügel, winzige Holzkreuze aus gespaltenen Lutscherstielen und diverse Blumen enthielten, dann wären sie, ebenso wie ich, entzückt gewesen.

Sie waren berechtigterweise stolz auf ihre Arbeit, und ich hatte das Gefühl, wir hätten es geschafft, etwas von dem Wunder und der Vollkommenheit des Ostermorgens für sie spürbar werden zu lassen. Wir setzten uns im Kreis hin, um die Geschichte von der Auferstehung zu hören, und während ich sie erzählte, konnte ich mir eine gewisse Selbstgefälligkeit nicht verkneifen.

Plötzlich hörte ich einen Aufschrei, und als ich aufblickte, sah ich zwei meiner kleinen Gärtner mit etwas beschäftigt, das weit von der friedvollen Atmosphäre entfernt war, die ich zu erzeugen gehofft hatte. Knurrend und fauchend vollführten sie drüben an dem Tisch mit den Ostergärten einen erbitterten Ringkampf.

Ich überließ es Maria Magdalena, weiter herumzurätseln, wer dieser verkleidete Gärtner gewesen sei, rannte hinüber und versuchte, sie auseinanderzuzerren. Es war nicht leicht, da offensichtlich eine der wirksamsten Strategien, die sie in der Schule des Lebens gelernt hatten, darin bestand, dicke Haarbüschel zu packen und kräftig daran zu ziehen. Schließlich standen sie, nach Atem ringend, vor mir, und Tränen durchfurchten die Schlammschichten auf ihren Gesichtern.

Jamie war der erste, der empört herausplatzte: »Das ist gemein, Miss. Er hat meine Schnecke geklaut!«

»Er hat was?« Das mußte einer der seltsamsten Gründe sein, aus denen jemals ein Duell ausgefochten wurde!

»Ich hatte eine Schnecke, Miss, in meinem Garten. Er hat sie mir geklaut. Gucken Sie mal, sie ist jetzt in seinem Garten.«

Ich guckte. In der Tat, Jamies Garten war schneckenlos, und in der angrenzenden Folienschale ruhte eine kleine Schnecke. Die Beweislage war eindeutig. Doch selbst Dr. Watson hätte vielleicht die feine Spur silbrigen Schleims bemerkt, die den Pfad zwischen den Folienkanten kreuzte.

»War die Schnecke tot, Jamie?«

»Nein, Miss.«

»Ich glaube sie ist vielleicht von selbst in Clives Garten gekrochen, Jamie.«

»Ja ... weil meiner schöner ist als deiner, darum«, höhnte ein erleichterter Clive.

Bevor Jamie sich gezwungen fühlte, die Vorzüge seines Gartens mit den Fäusten zu verteidigen, zog ich die beiden zurück in den Kreis und schaffte es irgendwie, die Geschichte fortzusetzen. Der Morgen hatte all seinen Glanz verloren! Doch Maria hätte das verstanden. Sie kannte sich aus mit der Wirklichkeit. Sie hatte ihr Leben einfach gelebt, indem sie tat, was sie an jeder Station des Weges für das Richtige hielt.

Manches davon war beängstigend gewesen, manches wunderbar, manches grauenvoll, manches erstaunlich, manches eintönig und manches erschreckend. Sie gab niemals auf, auch wenn es noch so schrecklich wurde, und hier stand sie wieder einmal am Beginn eines neuen Kapitels. Wir wissen nicht, was danach aus ihr wurde. Wir hören nichts Weiteres von ihr, aber es würde mich sehr überraschen, wenn sie nicht auch danach den Jüngern mit ihrer Unterstützung und Loyalität zur Seite gestanden hätte. Sie ist nun einmal so.

Eines ist sicher: Ihr Leben war kein Märchen gewesen, und dies hier ist kein hübsches, sauberes Ende. Das Leben ist eben nicht so. Die neuen Gemeinden würden ihre Probleme haben, die Jünger würden ihre Auseinandersetzungen bekommen, und sie selbst würde durch Höhen und Tiefen gehen. So war es in der Gemeinde Jesu immer und wird es immer sein, denn Freude ohne Schmerz hat Jesus niemals verheißen.

Doch solange es Leute wie Maria gibt, wird es immer die Möglichkeit für Neuanfänge und fortgesetztes Wachstum geben, weil immer jemand da sein wird, der bereit ist, zu dienen, der bereit ist, »ja« zum Leben zu sagen, und wenn damit wunderbare Geschenke des Heiligen Geistes verbunden sind, um so besser.

Gebet

Lieber Vater,
    wir danken dir sehr für Maria. Hilf uns, mehr wie sie zu sein. Amen.

Berühmte letzte Worte

Als Jesus seinem Tod entgegenging, fühlte er sich offenbar in der Lage, direkter als zuvor mit seinen Nachfolgern über die Dinge zu sprechen, die ihm auf dem Herzen lagen. Die Bilder sind weniger undurchsichtig, die Implikationen seiner Geschichten werden gründlicher erklärt. Wir werden uns einige davon anschauen, aber ich glaube, selbst diese kleine Auswahl spiegelt wider, wie positiv die Botschaft Jesu ist. Damit meine ich nicht die Macht des positiven Denkens. Ich meine die tiefe innere Zuversicht, zu wissen, daß man durch und durch geliebt und geschätzt ist von einem Vater, der verrückt nach seinen Kindern ist.

Zurücklehnen und entspannen

Johannes 15,1–9

Ich bin der wahre Weinstock, und mein Vater der Weingärtner.

Eine jede Rebe an mir, die keine Frucht bringt, wird er wegnehmen; und eine jede, die Frucht bringt, wird er reinigen, daß sie mehr Frucht bringe.

Ihr seid schon rein um des Wortes willen, das ich zu euch geredet habe.

Bleibt in mir und ich in euch. Wie die Rebe keine Frucht bringen kann aus sich selbst, wenn sie nicht am Weinstock bleibt, so auch ihr nicht, wenn ihr nicht in mir bleibt.

Ich bin der Weinstock, ihr seid die Reben. Wer in mir bleibt und ich in ihm, der bringt viel Frucht; denn ohne mich könnt ihr nichts tun.

Wer nicht in mir bleibt, der wird weggeworfen wie eine Rebe und verdorrt, und man sammelt sie und wirft sie ins Feuer, und sie müssen brennen.

Wenn ihr in mir bleibt und meine Worte in euch bleiben, werdet ihr bitten, was ihr wollt, und es wird euch widerfahren.

Darin wird mein Vater verherrlicht, daß ihr viel Frucht bringt und werdet meine Jünger.

Wie mich mein Vater liebt, so liebe ich euch auch. Bleibt in meiner Liebe!

»Mama, wir haben eine Menge ernsthafter Gespräche geführt, und wir haben alle das Gefühl, daß es für unsere Band jetzt oder nie heißt, und darum glaube ich nicht, daß ich nächstes Jahr zurück an die Universität gehen werde.« Schweigen senkt sich herab. Spannung erfüllt die Luft. Mein neunzehnjähriger Sohn und ich sehen einander an. Was soll ich sagen? Was zum Kuckuck soll ich sagen? Hilfe! (Wo ist Adrian?!) Eindeutig eine »Zurücklehn-Situation«.

Lassen Sie mich erklären. Vor vielen Jahren, während seiner ersten Jahre in der Kinderfürsorge, lernte Adrian eine der fundamentalen Regeln im Umgang mit aggressiven, bedrohlichen Situationen: Verlasse niemals die Sicherheit deiner eigenen Position; begib dich nie auf den Boden des anderen. Lehne dich stets zurück, versuche, entspannt zu wirken, zwinge dich, ruhig zu sprechen, und bete! Nun will ich nicht so tun, als ob uns selbst das während der Teenagerjahre unserer Kinder sehr oft gelungen wäre, aber wenn es uns gelungen ist, dann hat es sehr geholfen, so manche angespannte Situation zu entschärfen.

Dies war eindeutig so eine Gelegenheit. Alles in mir wollte ihn anschreien: »Was ist mit deiner Zukunft? Ist dir das alles egal? Wie kannst du so dumm sein? Was ist mit all den Opfern ...?« und so weiter! Ich lehnte mich zurück und preßte meinen Rücken gegen die Sofakissen. »Das klingt interessant ...«

Zurücklehnen. Diese Art von Verhalten erklärt, warum mir dieses Bild so viel bedeutet. »Ich bin der Weinstock, ihr seid die Reben ... Bleibt in mir ... ohne mich könnt ihr nichts tun.«

Wann immer ich in eine Situation gerate, der ich nicht gewachsen bin (und jemandem wie mir passiert das dauernd), versuche ich mich an diese Worte zu erinnern. Ich stelle mir vor, wie der Vater hinter mir steht, stark, liebevoll und weise, und ich lehne mich in Gedanken zurück, gegen ihn, meine Arme mit seinen verschlungen. Ich fühle seine Stärke und manchmal sogar seine Weisheit und Einsicht in mich hineinfließen, und ich entspanne mich, geborgen in dem Wissen, daß ich auf eine Weise, die ich nie ganz verstehen werde, an seinen Kreislauf, an den Saft seines Weinstocks angeschlossen bin. Es ist mir ein riesiger Trost, daß ich eine seiner Reben bin. Eine Rebe, die schon oft so hart durchgeschüttelt wurde, daß sie beinahe abgeknickt wäre, aber dennoch eine, die immer noch am Weinstock hängt.

Wenn ich in Situationen gerate, die sehr schwierig sind, und versuche, selbst damit fertig zu werden, dann bin ich sehr schnell am Ende meiner begrenzten Ressourcen. Wenn ich aber meine Abhängigkeit von meinem himmlischen Vater eingestehe und daran denke, mich zurückzulehnen und den Saft des Heiligen Geistes durch mich fließen zu lassen, werde ich erfrischt und gestärkt, und manchmal trage ich sogar die eine oder andere Weinbeere.

Gebet

Lieber Vater,

wenn es hart auf hart geht – aus welchem Grund auch immer –, hilf uns, uns zurückzulehnen und deine Nähe und unsere familiäre Bindung an dich zu genießen. Fülle uns mit dem Saft deiner liebevollen Freundlichkeit, damit unsere Arbeit für dich nicht vertrocknet und verwelkt. Amen.

Wandelt im Licht

Johannes 12,31–36

Jesus spricht: Jetzt ergeht das Gericht über diese Welt; nun wird der Fürst dieser Welt ausgestoßen werden. Und ich, wenn ich erhöht werde von der Erde, so will ich alle zu mir ziehen. Das sagte er aber, um anzuzeigen, welchen Todes er sterben würde.

Da antwortete ihm das Volk: Wir haben aus dem Gesetz gehört, daß der Christus in Ewigkeit bleibt; wieso sagst du dann: Der Menschensohn muß erhöht werden? Wer ist dieser Menschensohn?

Da sprach Jesus zu ihnen: Es ist das Licht noch eine kleine Zeit bei euch. Wandelt, solange ihr das Licht habt, damit euch die Finsternis nicht überfalle. Wer in der Finsternis wandelt, der weiß nicht, wo er hingeht. Glaubt an das Licht, solange ihr's habt, damit ihr Kinder des Lichtes werdet. Das redete Jesus und ging weg und verbarg sich vor ihnen.

Monatelang folgte ich demselben, sorgfältig durchdachten Muster. Jeden Abend derselbe Ablauf. Zuerst zog ich meine verkrampften Finger aus ihren Fesseln heraus, und dann, ohne Atem zu holen, entfaltete ich mich aus meiner kauernden Position auf dem Fußboden und kam vorsichtig auf die Beine.

Von da an hing alles von meiner genauen Kenntnis meiner Umgebung ab, während ich mich langsam rückwärts bewegte und unendliche Sorgfalt aufwandte, um keines der vielen Hindernisse zu berühren, die ich hinter mir in der Dunkelheit wußte. Das leiseste Geräusch, das winzigste Quietschen, und alles würde verloren sein. Ich hatte gelernt, mich lautlos durch den Türspalt zu zwängen, die ich heimlich zuvor geöffnet habe, um meine Flucht vorzubereiten.

Dann wartete ich mit klopfendem Herzen auf irgendwelche

Anzeichen dafür, daß der Bewohner des Raumes, den ich gerade verlassen hatte, sich regte, in dem Wissen, daß ich nur zu leicht wieder in Gefangenschaft geraten konnte. Endlich atmete ich leichter und steuerte auf die Freiheit zu.

Bevor Sie mich jetzt für irgendeine unbesungene Heldin in einem wild abenteuerlichen Guerillakrieg halten, lassen Sie mich erklären. Der Bewohner des Zimmers, dessen Erwachen eine solche Katastrophe gewesen wäre, war unser zweijähriger Sohn Matthew, bei Familie und Babysittern gleichermaßen berüchtigt für seine Unfähigkeit, einzuschlafen, ohne Mamas oder Papas Hand zu halten.

Zu der Zeit waren wir sehr beschämt über die lachhafte Lebensweise, zu der uns dieses Bedürfnis zwang. Wir waren sicher, das einzige Ehepaar auf der Welt zu sein, das sich darin abwechselte, stundenlang im Dunkeln zu kauern, endlos Schlaflieder zu singen und sogar das schwere Atmen des Schlafens zu simulieren, bis wir, gähnend, elend und verkrampft, möglicherweise schließlich durch die himmlischen Laute schläfrigen Schnaufens für unsere Geduld belohnt wurden. (Es war einer unserer schönsten Momente, als wir ein Paar aus Birmingham kennenlernten, das zugab, daß seine kleine Tochter keine Ruhe gab, wenn nicht beide Eltern neben ihr lagen!)

Seither haben wir viele junge Eltern kennengelernt, die auf diese Weise zu leiden hatten, und der eine Punkt, über den wir uns alle einig waren, ist, daß der Schlüssel zur erfolgreichen Flucht in der Vertrautheit mit dem Gelände liegt, die man sich während des Tageslichtes aneignen muß! Natürlich ist die genaue Kenntnis der eigenen Umgebung für Leute, die dauerhaft blind werden, noch nützlicher, und viele sehen sie als den Schlüssel zu Unabhängigkeit und Freiheit.

Unabhängigkeit und Freiheit. Das ist genau das, worauf Jesus seine Freunde vorbereiten will – eine Zeit, in der sie sich selbst durchschlagen müssen. In diesen letzten Tagen sehen wir immer wieder, wie er ihren Blick nach vorn richtet, während er sie gleichzeitig ermutigt, aus der Gegenwart mitzunehmen, was sie können. Und wenn sie ihn anschauen, was sehen sie?

Keine lang erträumten Reisen in das damalige Äquivalent von Florida, keine Begleichung von Rechnungen. Nur dieselbe, beharrliche Fürsorge für sie, die sie immer gesehen haben. Dasselbe beständige, sichere Licht, das sie während der letzten drei Jahre so viele Klippen umschiffen ließ. Und er fordert sie auf, genauso zu sein. Söhne des Lichts.

Kürzlich wurde ein liebes Mitglied unserer Gemeinde in die Dunkelheit geschleudert.

Ihr Mann Colin kam eines Tages mit starken Ohrenschmerzen von der Arbeit nach Hause. Am nächsten Morgen wurde er bewußtlos ins Krankenhaus gebracht, und eine Woche später war er tot, ohne noch einmal voll zu Bewußtsein gekommen zu sein.

Als wir uns am Sonntag, einen Tag nach seinem Tod, wie verstörte Schafe in der Kirche versammelten, richtete uns unser Pfarrer folgende Botschaft von unserer Freundin aus. Sie sagte: »Ich möchte euch nur sagen, daß es mir gutgeht und daß es Colin sehr gutgeht.« Nun, natürlich ging es ihr nicht gut – und ihre Trauer wird für immer ein Teil von ihr sein. Doch wir als Gemeinde waren bis in unsere tiefsten Wurzeln bewegt darüber, daß sie mitten in ihrer schwärzesten Stunde an die gedacht hatte, die sich um sie sorgten. Sie sagte später: »Ich habe mir solche Sorgen gemacht, daß dieses Ereignis manche ins Straucheln bringen könnte.«

Es war Edna zur Natur geworden, das Licht widerzuspiegeln, und sie beleuchtete ganz natürlich den Weg derer, die hinter ihr herstolperten.

Gebet

Lieber Vater,

hilf denen unter uns, die zur Zeit nicht in der Dunkelheit sind, die Freude, bei dir im Licht zu sein, voll auszukosten. Hilf uns, das Licht deiner Lehre in uns aufzunehmen, so daß wir, wie dunkel es auch um uns werden mag, immer den Trost deiner Kerze der Hoffnung und Liebe und die Fähigkeit haben, ein Licht zu sein, um den Weg deiner Kinder zu erleuchten. Amen.

Prüfen Sie Ihren Sauerteig!

Matthäus 13,33
Das Himmelreich gleicht einem Sauerteig, den eine Frau nahm und unter einen halben Zentner Mehl mengte, bis es ganz durchsäuert war.

Matthäus 16,5 – 9.11
Und als die Jünger ans andre Ufer gekommen waren, hatten sie vergessen, Brot mitzunehmen. Jesus aber sprach zu ihnen: Seht zu und hütet euch vor dem Sauerteig der Pharisäer und Sadduzäer!
Da dachten sie bei sich selbst und sprachen: Das wird's sein, daß wir kein Brot mitgenommen haben
Als das Jesus merkte, sprach er zu ihnen: Ihr Kleingläubigen, was bekümmert ihr euch doch, daß ihr kein Brot habt?
Versteht ihr noch nicht? Denkt ihr nicht an die fünf Brote für die fünftausend und wieviel Körbe voll ihr da aufgesammelt habt?
... Wieso versteht ihr denn nicht, daß ich nicht vom Brot zu euch geredet habe? Hütet euch vielmehr vor dem Sauerteig der Pharisäer und Sadduzäer!

Kennen Sie Ingwerbier-Pflanzen? Damit lassen sich die Schafe unter uns von den Lämmern unterscheiden! Sie waren ein wunderbarer, fast mystischer Bestandteil eines jeden Sommers, als ich klein war. Eine Mischung aus Ingwer und Sauerteig bildete die Grundlage des Gebräus. Sobald sich die Größe des Klumpens verdoppelt hatte, konnte man die Hälfte davon weitergeben, so daß ein anderer seine kleine Produktion beginnen konnte.

Ich erinnere mich noch an den Stolz, mit dem ich beobachtete, wie meine Mutter einen Klumpen von dem kräftig riechenden, dunklen, feuchten Schlamm, der die Ingwerbier-Pflanze war, in einen Marmeladentopf füllte, um ihn an eine Nachbarin weiterzugeben. Und ich erinnere mich, welche Fragen mich bewegten. Wie konnte das überhaupt eine Pflanze sein, wo ich doch sehr gut wußte, daß Pflanzen grüne Blätter hatten und im Garten aus der Erde sprossen? Wie konnte es wachsen? Wie konnte aus einem so furchtbar aussehenden Zeug ein so köstliches Getränk werden? Und wo in aller Welt kamen all die Blasen her?

Auch das Ingwerbier selbst war etwas ganz besonderes für mich. Ich sehe die Flaschen mit ihren Glasstopfen immer noch auf den kühlen Steinplatten in der Speisekammer stehen – und höre noch die schreckliche Explosion einer Flasche, die nicht richtig abgedichtet war.

Ist Ihnen klar, daß ich hier von der Zeit vor Coca-Cola spreche? Meine Kinder können gar nicht fassen, wie wir so tragische Zeiten überhaupt überleben konnten! Dieser Coke-Mangel meiner Kindheit bringt es mit sich, daß ich schon für das Wort »Sauerteig« eine besondere Vorliebe habe, und darum ist dieses Bild für das Himmelreich mir das liebste unter den vielen, die Jesus gebrauchte. (Leider habe ich keine ähnlichen Kindheitserinnerungen an Senfkörner; ich neige dazu, sie mit Untertassen voll feuchter Watte zu assoziieren, aus der das Zeug wuchs, das man in die Eier-Sandwiches tat. Kein Vogel wäre je in der Lage gewesen, sich auf einen dieser Zweige zu hocken!)

Vermischt mit diesen Erinnerungen sind diejenigen, die mit dem Brotbacken zu tun haben. Große Klumpen elastischen Teigs auf dem Küchentisch, die in Form zu kneten waren und dann in die Dunkelheit des Trockenregals gestellt wurden, um in aller Heimlichkeit ihren Zauber zu vollführen. Die Blechschüsseln mit ihren leuchtenden Kuppeln und der himmlische Geruch. Das Klopfen auf den Boden, um den hohlen Klang zu hören, der anzeigte, daß die Laibe perfekt durchgebacken waren. Kein Wunder, daß die Immobilienmakler einem immer raten, Brot zu backen, wenn Kaufinteressenten zur Besichtigung kommen! Ja, Sauerteig hatte schon immer eine sehr gute Presse.

Darum finde ich diesen Ratschlag Jesu ziemlich schockierend.

Die Vorstellung eines schlechten Sauerteigs ist abstoßend. Der Gedanke, daß ein Brot gut aussehen, aber in Wirklichkeit sehr gefährlich sein kann, ängstigt das Kind in mir. Aber was für ein Bild, um die Gefahren von ungesunden Lehren zu verdeutlichen. Schlechter Sauerteig, der die Hauptnahrung der Kinder Gottes vergiftet, die wissen, daß sie Brot brauchen, um stark zu werden im Glauben.

Lehren wie die des »sündigen Messias« David Koresh, der seine Anhänger zu ihrem tragischen Selbstmord verführte. Lehren, die Sklaverei und Apartheid guthießen. Lehren, die Leute, die keine Heilung empfangen, als Sünder brandmarken. Lehren, die gut aussehen und vielleicht sogar gut schmecken mögen, die aber in Wirklichkeit das Brot des Todes sind und nicht das Brot des Lebens.

Gebet

Lieber Vater,
    wir bitten dich um deinen Schutz vor den Pharisäern von heute. Hilf uns, alle Lehren durch ein Sieb zu geben und die Qualität des Sauerteigs zu prüfen, damit keine falschen Lehren in uns wuchern können und damit wir vor dir süß und gesund duften. Amen.

Vergessen Sie Ihre Zahnbürste?

Jetzt aber gehe ich hin zu dem, der mich gesandt hat; und niemand von euch fragt mich: Wo gehst du hin?

Doch weil ich das zu euch geredet habe, ist euer Herz voll Trauer.

Aber ich sage euch die Wahrheit: Es ist gut für euch, daß ich weggehe. Denn wenn ich nicht weggehe, kommt der Tröster nicht zu euch. Wenn ich aber gehe, will ich ihn zu euch senden.

Und wenn er kommt, wird er der Welt die Augen auftun über die Sünde und über die Gerechtigkeit und über das Gericht; über die Sünde: daß sie nicht an mich glauben; über die Gerechtigkeit: daß ich zum Vater gehe und ihr mich hinfort nicht seht; über das Gericht: daß der Fürst dieser Welt gerichtet ist.

Ich habe euch noch viel zu sagen; aber ihr könnt es jetzt nicht ertragen. Wenn aber jener, der Geist der Wahrheit, kommen wird, wird er euch in alle Wahrheit leiten. ...

Noch eine kleine Weile, dann werdet ihr mich nicht mehr sehen; und abermals eine kleine Weile, dann werdet ihr mich sehen.

Da sprachen einige seiner Jünger untereinander: Was bedeutet das, was er zu uns sagt: Noch eine kleine Weile, dann werdet ihr mich nicht sehen; und abermals eine kleine Weile, dann werdet ihr mich sehen? ...

Da merkte Jesus, daß sie ihn fragen wollten, und sprach zu ihnen: Danach fragt ihr euch untereinander ...?

Wahrlich, wahrlich, ich sage euch: Ihr werdet weinen und klagen, aber die Welt wird sich freuen; ihr werdet traurig sein, doch eure Traurigkeit soll in Freude verwandelt werden.

Woher soll eine Kaulquappe wissen, wie es ist, ein Frosch zu sein? Wie es ist, zu hüpfen und zu quaken, sich auf einem Felsen zu sonnen und mit der Zunge Fliegen zu fangen? Wenn man sie fragen würde, würde sich die Kaulquappe vermutlich dafür entscheiden, weiter als Kaulquappe zu leben, und sich heftig für die Vorzüge des Lebens im Teich aussprechen. Wie sollten die Jünger verstehen, daß etwas noch Aufregenderes als ihr Nomadenleben mit Jesus möglich war? Natürlich war das ein beängstigender Gedanke.

Kürzlich hatten wir das Vorrecht, in Australien auf einer Wochenendkonferenz einer Organisation namens Crossroads zu sprechen. Diese Organisation setzt sich dafür ein, die Lebensqualität körperlich und geistig behinderter Erwachsener zu verbessern, indem sie ihnen Abenteuer und Anschluß an alle Aspekte des Lebens bietet. Sie haben Gruppenmitglieder auf Reisen durch die ganze Welt mitgenommen, sich allen Schwierigkeiten gestellt, das Unüberwindliche überwunden, Würde verliehen und das Selbstvertrauen sehr gestärkt.

Auf der Konferenz wurde das zwanzigjährige Bestehen gefeiert, und viele der Delegierten waren entweder körperlich oder geistig sehr stark beeinträchtigt. Für einige war es das erste Mal, daß sie aus der zuverlässigen, liebevollen Umgebung zu Hause herauskamen. Weg von den Regeln, die für sie der Weg zu dem kleinen Maß an Unabhängigkeit waren, das sie sich bisher erarbeitet hatten. Für manche von ihnen war es schwer gewesen, zu lernen, wie man sich wäscht und anzieht und sich um die einfachen Anforderungen der Hygiene kümmert, und dieser Lernprozeß hatte über lange Zeit hinweg nachdrückliche, ständige Verstärkung erfordert.

Von zu Hause wegzukommen bedeutete, daß sie ihre erlernten Fähigkeiten in der Praxis anwenden mußten – doch ein verwirrend neuer Tagesablauf machte es schwer, sich starr an das Gelernte zu halten. So kam es zu dem folgenden Wortwechsel, den ein Freund von uns während unseres Vortrags nach dem Frühstück mit anhörte.

»Das ist zu lang.«

»Was ist zu lang?«

»Dieser Vortrag. Er ist zu lang.«

»Ist er nicht. Er ist gut.«

»Nein, er ist zu lang. Schau, schau dir meine Zähne an, sie faulen, siehst du? Schau! Sieh sie dir an! Sie werden alle ausfallen. Sie fallen aus. Siehst du? Siehst du?«

Seine Hand umklammerte seine Zahnbürste, und sein Gesicht war vor Furcht und Panik verzerrt, als er hektisch mit dem Finger auf einen Zahn nach dem anderen zeigte. Er war den Tränen nahe.

Was für eine Angst er gehabt haben muß. Offensichtlich hatte man ihm beigebracht, daß es sehr wichtig sei, sich unmittelbar nach jeder Mahlzeit die Zähne zu putzen, sonst würden sie faulen und ausfallen. Oh, er wußte Bescheid. Er hatte sie nicht geputzt – und sie würden ausfallen!

Diese neue Übergangsphase in seiner Entwicklung zu einem Leben, das ihm bisher ungeahnte Abenteuer bringen würde, war verwirrend und ein bißchen einsam und furchteinflößend, aber offensichtlich wichtig. Sein Respekt vor dem, was er bisher gelernt hatte, würde nicht verschwinden, nur weil er jetzt lernte, daß man Regeln hin und wieder auch brechen konnte, aber hoffentlich würde er entdecken, daß gute Gewohnheiten zwar wichtig sind, aber wirkliche Geborgenheit in Beziehungen zu finden ist, nicht in Regeln. Die nächste Station für ihn? Die Londoner U-Bahn? Der Big Ben? Der Eiffelturm?

Und für die Jünger? Die Ausgießung des Heiligen Geistes, die Entdeckung, daß Jesus so tief in ihren Herzen wohnte, daß er sie nie wieder verlassen würde – und ein Dienst des Heilens und Lehrens und Gründens von Gemeinden, wie sie ihn sich bisher nicht hätten träumen lassen.

Und für uns? Es wird bei jedem von uns anders sein, aber wenn wir teilhaben wollen an dem Abenteuer, das Gott für uns geplant hat, könnte es nützlich sein, uns heute zu überlegen: An welche Zahnbürste klammern wir uns? Wo liegt unsere Geborgenheit? Welche Prinzipien und Traditionen binden uns?

Die Lehre von der Zahnbürste war nicht an und für sich falsch gewesen. Aber sie war nicht die ganze Wahrheit, und in diesem Stadium des Lebens unseres Delegierten mußte sie neu überdacht und mit zusätzlichen Einzelheiten erläutert werden.

Was muß in unserem Leben neu überdacht werden, damit wir weitergehen können, hin zu einem Leben von größerer geistlicher Unabhängigkeit?

Was immer es ist, wir werden – ebenso wie die Jünger – davon überzeugt werden müssen, daß die Wahrheit, wie wir sie kennen, nicht die ganze Wahrheit ist.

Gebet

Lieber Vater,

öffne unsere Herzen und unseren Verstand für die Wahrheit, die ganze Wahrheit und nichts als die Wahrheit. Hilf uns, daß wir uns heute bewußter werden, welche Dinge wir neu durchdenken und worüber wir mehr lernen müssen, um in unserem Lebensabenteuer weiterzugehen. Laß nicht zu, daß unsere Ängste und unsere selbstgemachten Regeln uns im Weg stehen. Lehre uns den nächsten Schritt zu einem unabhängigen Leben mit Jesus, damit wir immer mehr geborgen in dir leben können und du in uns. Amen.

Echte Qualitätskontrolle

Johannes 17,6 –12

Ich habe deinen Namen den Menschen offenbart, die du mir aus der Welt gegeben hast. Sie waren dein, und du hast sie mir gegeben, und sie haben dein Wort bewahrt.

Nun wissen sie, daß alles, was du mir gegeben hast, von dir kommt.

Denn die Worte, die du mir gegeben hast, habe ich ihnen gegeben, und sie haben sie angenommen und wahrhaftig erkannt, daß ich von dir ausgegangen bin, und sie glauben, daß du mich gesandt hast.

Ich bitte für sie und bitte nicht für die Welt, sondern für die, die du mir gegeben hast; denn sie sind dein.

Und alles, was mein ist, das ist dein, und was dein ist, das ist mein; und ich bin in ihnen verherrlicht.

Ich bin nicht mehr in der Welt; sie aber sind in der Welt, und ich komme zu dir. Heiliger Vater, erhalte sie in deinem Namen, den du mir gegeben hast, daß sie eins seien wie wir.

Solange ich bei ihnen war, erhielt ich sie in deinem Namen, den du mir gegeben hast, und ich habe sie bewahrt, und keiner von ihnen ist verloren außer dem Sohn des Verderbens, damit die Schrift erfüllt werde.

Kürzlich tranken wir Kaffee mit einigen Freunden, die in einer nahe gelegen Stadt in der Leitung einer Kirchengemeinde mitarbeiten. Sie waren ziemlich am Boden zerstört von einem Treffen mit den Leitern einer riesigen charismatischen Gemeinde, die kurz zuvor in der Nähe gegründet worden war.

Ich hörte mir die Meinungen an, die sie zum Ausdruck brachten, und die ganze Auseinandersetzung kam mir bekannt vor.

»Die Sache ist die«, sagte einer unserer Freunde, »er verglich unsere Rollen mit dem Unterschied zwischen dem Einkaufszentrum vor der Stadt und dem Laden an der Ecke. Er sagte uns, sie hätten vor, die Leute mit Bussen aus den Ortschaften in der Umgebung abzuholen, und er sehe ihre Rolle darin, eine Riesenauswahl an allem Möglichen zur Verfügung zu stellen, womit die Leute ihre geistlichen Vorräte aufstocken müssen. Doch was sagt das über uns aus?

Ich sehe einfach nicht, wie wir da mithalten können. Wer wird noch zu uns kommen wollen, wenn er gleich in derselben Straße wirklich lebendige Gottesdienste und berühmte Gastredner bekommen kann?«

Natürlich! Genau das war es, wo ich die Argumente schon einmal gehört hatte. Auf einer Protestversammlung der Ladenbesitzer in unserem kleinen Marktstädtchen, als einer der Supermarktriesen vorhatte, am Stadtrand eine Filiale zu errichten.

Dadurch wird die ganze Kundschaft aus der Innenstadt abgezogen, und immer mehr Läden werden eingehen ... Das ganze Leben, die Farbe und die Atmosphäre werden verschwinden, und was wir hier in der Stadt haben, wird langweilig wirken ... Wir können nicht mithalten mit deren Präsentation ... der Auswahl ... den Preisen ... Was wird aus all den Alten, Kranken und Armen, die kein Transportmittel haben und nicht dort hinauskommen?

Dieselben Argumente! Dieselben vielleicht wohlbegründeten Befürchtungen.

Was geschieht nun, wenn wir diese Auseinandersetzung im Licht der Situation unserer Freunde betrachten?

Es gibt ein paar wunderbare, große Gemeinden in der Gegend, mit großartigen Anbetungsbands, phantasievoller Kinderarbeit, dynamischen Jugendgruppen, hervorragenden Predigten und reichlich Gelegenheiten, den Heiligen Geist zu empfangen. Es macht Spaß, sie zu besuchen, ebenso wie in dem riesigen, aufregenden Supermarkt. Es gibt alle möglichen Gründe dafür, zu einer solchen Gemeinde zu gehen, und die Befürchtungen und Vorurteile sind oft unbegründet.

Doch es gibt auch Gefahren. Manchmal besteht eine gewisse

Rücksichtslosigkeit gegenüber den langfristigen Auswirkungen, die ihre Gegenwart auf die Gesellschaft in einer Stadt hat. Manchmal wird das Leben aus den örtlichen Gemeinden herausgezogen, und diejenigen, die ihre Gemeinden verlassen, werden kaum ermutigt, sich weiter auf lokaler Ebene zu engagieren. Das kann den örtlichen Gemeinden sehr schaden und ihnen Kräfte entziehen.

Dann ist da die Frage der Qualität, wie Jesus sie verstehen würde. In beiden Arten von »Supermärkten« ist die Qualität und Auswahl der Waren vorzüglich, und die Verpackungen sind verlockend. Aber zu welchem Preis? Wo sind die unregelmäßig geformten Äpfel und die knorrigen Möhren? Jeder, der einmal in einem Supermarkt gejobbt hat, kennt die Antwort. Sie werden automatisch abgewiesen, weil sie das perfekte Bild stören.

Es gibt Gemeinden, in denen dasselbe geschieht, in denen Leute, die emotional verformt sind, weil sie während ihres Wachstums an Steine stießen, abgelehnt werden und das Gefühl vermittelt bekommen, weniger wertvoll zu sein als jene, deren äußere Erscheinung akzeptabler ist.

Das stellt eine schwerwiegende Vergeudung von Ressourcen dar und kann im Falle einer Gemeinde abscheulich grausam sein. Ich kann dazu nur sagen, daß viele glänzende Äpfel, die ich gekauft habe, innen weich und mehlig waren und daß mir knorrige Gartenmöhren am besten schmecken!

Dann ist da noch die Tatsache, daß es keinen unpersönlicheren Ort gibt als einen Supermarkt mit seiner geistlosen, endlos wiederholten Musik. Der Supermarkt ist nicht der Ort, wo ich in einem Notfall hineile. Er ist nicht der Ort, an dem ich Leuten in die Arme laufe, die ich kenne. Er ist nicht der Ort, wo ich den Geschäftsführer kenne und irgendwelchen Anteil an seinem Leben nehme. Er gehört in keiner Weise zu mir und braucht keinen Input von mir. Läßt sich das in irgendeinem Sinn auf die Gemeindesituation übertragen?

Jesus bringt diejenigen, »die du mir gegeben hast«, vor seinen Vater und gibt ein Muster für das Gemeindeleben vor, dem die Jünger später folgen werden. Eine geborgene Gemeinschaft, in der für die Verletzlichen gesorgt wird, in der die Jungen wachsen können und in der die Bedürfnisse eines jeden Gliedes von größter Bedeutung für die Leiter sind.

Wenn die riesigen Gemeinden all diese Dinge tun, dann werden sie auch einen Blick für die Bedürfnisse der kleinen örtlichen Gemeinden haben und es als Teil ihrer Aufgabe ansehen, ihnen Unterstützung zu geben. Wenn die kleinen örtlichen Gemeinden all diese Dinge tun, dann werden sie es als Teil ihrer Aufgabe ansehen, für diejenigen zu beten, die in den großen Gemeinden arbeiten, und Kontakt zu ihnen zu halten. Sie werden zufrieden erkennen, was sie durch den Kontakt mit diesen lebendigen Gottesdiensten gewinnen können, und sich frei fühlen, ihre jungen Leute zu ermutigen, daran teilzunehmen. Was jedoch nicht funktionieren wird, das ist Argwohn und Zorn auf der einen und Gier und Rücksichtslosigkeit auf der anderen Seite.

Nichts von alledem spielt im Grunde eine Rolle, außer daß wir, wenn wir in den Himmel kommen, sagen können: »Ich habe deinen Namen den Menschen offenbart, die du mir aus der Welt gegeben hast.« Aber haben wir das?

Gebet

Lieber Vater,

bitte zeig mir heute diejenigen, die du mir gegeben hast, damit ich sie liebe und mich um sie kümmere. Bitte vergib mir, wo ich versäumt habe, für sie zu beten, und hilf mir, mehr Verantwortung für ihre Beziehung zu dir zu übernehmen. Amen.

Öffne das Paket

Johannes 12,23-28
Jesus aber antwortete ihnen und sprach: Die Zeit ist gekommen, daß der Menschensohn verherrlicht werde.

Wahrlich, wahrlich, ich sage euch: Wenn das Weizenkorn nicht in die Erde fällt und erstirbt, bleibt es allein; wenn es aber erstirbt, bringt es viel Frucht.

Wer sein Leben lieb hat, der wird's verlieren; und wer sein Leben auf dieser Welt haßt, der wird's erhalten zum ewigen Leben.

Wer mir dienen will, der folge mir nach; und wo ich bin, da soll mein Diener auch sein. Und wer mir dienen wird, den wird mein Vater ehren.

Jetzt ist meine Seele betrübt. Und was soll ich sagen? Vater, hilf mir aus dieser Stunde. Doch darum bin ich in diese Stunde gekommen. Vater, verherrliche deinen Namen!

Im Frühling durfte ich als kleines Kind immer voller Stolz beim Bohnenpflanzen helfen. Ich war Halterin und Öffnerin der Packung und Bohnenauswählerin. Mein Vater war Lochmacher und Chefpflanzer. Gemeinsam waren wir dann während der folgenden Wochen Wachstumsinspizienten! Ich weiß noch, wie tief beeindruckt ich von der Größe der Pflanze war, die aus diesem kleinen Ding wachsen konnte, und von der Zahl der Bohnen, die er und ich in dem kleinen Garten, in dem sie sprossen, ernten konnten. Das Wunder des Lebens, das wieder neues Leben hervorbringt, war mir damals so eindrucksvoll wie heute.

In diesem Zusammenhang der Fortpflanzung stellte Jesus die Vorstellung, für das eigene Selbst zu sterben. Ich finde das interessant. Irgendwie hatte ich die Vorstellung, das eigene Leben zu hassen, immer mit Selbstverleugnung und sogar Selbstzerstörung in Verbindung gebracht. Ich fand es verwirrend, daß mein Schöpfer von mir verlangte, daß ich das Leben hassen sollte, das er selbst geschaffen hatte. Doch hier hören wir ihn andeuten, daß der Ruhm darin liegt, das Selbst hinzugeben. Daß die Segnungen sich vervielfachen und daß ein neues, noch kräftigeres Leben erblühen wird, während es unweigerlich unfruchtbar ist, das Leben an sich selbst zu klammern. Doch wenn wir die Unfruchtbarkeit unserer gegenwärtigen Situation anerkennen, wird es dadurch für uns nicht unbedingt leichter, die Kontrolle über unser Leben aufzugeben. Offenbar muß es uns etwas kosten, damit es wert ist, hingegeben zu werden. Wir müssen akzeptieren und damit übereinstimmen, daß die Stunde, in der wir jetzt stehen, genau die ist, die für uns vorgesehen ist, damit Gott verherrlicht werden möge, und das kann schwer sein.

In meinem Leben hat es Zeiten gegeben, in denen mir das sehr schwerfiel. Ihnen geht es bestimmt nicht anders. Zeiten, die sich anfühlen, als ob sie unmöglich ein Teil dessen sein könnten, was ein liebender Vater für mich als eines seiner Kinder beabsichtigt hat.

Ich habe gelernt, daß das erste, was ich in solchen Zeiten tun muß, darin besteht, mir genau anzuschauen, was vor sich geht. Oft muß ich die harte Tatsache akzeptieren, daß die Umstände, die mich umgeben, sich nicht verändern werden. Daß es an mir liegt, damit aufzuhören, gegen die Wände meines Gefängnisses zu trommeln (eine erschöpfende und sinnlose Beschäftigung), und mich der Tatsache zu stellen, daß eine Veränderung in mir selbst unumgänglich ist, wenn ich mich an die neuen Umstände anpassen will.

Eine Freundin von uns meinte kürzlich, ihr sei klar geworden, daß man sich meistens nur entscheiden könne zwischen Dingen, die man nicht will, und Dingen, die man *eigentlich* nicht will. Als ich zum Beispiel Probleme mit dem Job hatte, den Gott für Adrian ausgesucht hat, war ich zwar sehr unglücklich und verwirrt, aber *eigentlich* wollte ich die Arbeit nicht ruinieren, die Gott Adrian zu tun gegeben hatte. Und *eigentlich* wollte ich unsere Beziehung nicht zerstören, und *eigentlich* vermißte ich mein Gefühl der Nähe zu Gott. Und ich *haßte* es, mich schuldig zu fühlen!

Anfangs versuchte ich, mich selbst zu verändern. Mich einfach durch Willenskraft zu zwingen, die Situation zu akzeptieren, ohne das geschlossene Paket meines Lebens loszulassen. Das mißlang gründlich, und ich wurde immer verbitterter und unglücklicher. Schließlich wandte ich mich wieder meinem Vater im Himmel zu, und in einer Atmosphäre vertrauter Nähe zu meinem Herrn war ich endlich in der Lage, das Paket des Schmerzes zu öffnen, das ich an mich geklammert hatte. Ich konnte sogar die eine oder andere Bohne nehmen und sie ihm geben, damit er sie pflanzte. Mein Paket ist immer noch halbvoll, fürchte ich. (Vielleicht besteht der Himmel darin, zu jubeln, daß es halb leer ist!) Trotzdem ist es aufregend, darauf zu warten, was aus denen wachsen wird, die ich ihm anvertrauen *konnte*.

Vielleicht wird es bei Ihnen eine schwere Lebenskrise sein, die Sie fähig machen wird, die Kontrolle über Ihr Leben abzugeben. Vielleicht ist das auch schon geschehen. Aber wenn es Ihnen, wie mir, immer noch schwerfällt, dann ist vielleicht der erste Schritt für Sie, Ihr Paket zu öffnen!

Gebet

Lieber Vater,

zeig uns, wie wir anfangen können, dir unser Leben zu geben. Sei uns heute nahe, so daß wir in deiner Gegenwart einen Blick auf die Dinge werfen können, die uns zu schaffen machen. Hilf uns, heute eine Bohne in unsere Hände zu nehmen. Hilf uns, unsere Hände zu dir auszustrecken und sie dir zu geben. Hilf uns zu vertrauen, daß du sie genommen hast. Gib uns den Mut, sie nicht wieder zurückzunehmen, das Paket nicht wieder zu schließen, so daß sie endlich ausgesät und mit der Zeit ein nützliches Gewächs für dich hervorbringen kann. Amen.

Eine Willkommensverheißung

Johannes 13,36; 14,1–7

Spricht Simon Petrus zu ihm: Herr, wo gehst du hin?

Jesus antwortete ihm: Wo ich hingehe, kannst du mir diesmal nicht folgen; aber du wirst mir später folgen ...

Euer Herz erschrecke nicht! Glaubt an Gott und glaubt an mich! In meines Vaters Hause sind viele Wohnungen. Wenn's nicht so wäre, hätte ich dann zu euch gesagt: Ich gehe hin, euch die Stätte zu bereiten? Und wenn ich hingehe, euch die Stätte zu bereiten, will ich wiederkommen und euch zu mir nehmen, damit ihr seid, wo ich bin. Und wo ich hingehe, den Weg wißt ihr.

Spricht zu ihm Thomas: Herr, wir wissen nicht, wo du hingehst; wie können wir den Weg wissen?

Jesus spricht zu ihm: Ich bin der Weg und die Wahrheit und das Leben; niemand kommt zum Vater denn durch mich. Wenn ihr mich erkannt habt, so werdet ihr auch meinen Vater erkennen. Und von nun an kennt ihr ihn und habt ihn gesehen.

Sie fühlte sich so unglaublich erschöpft. So müde. Geschunden vor Schmerz und Verwirrung, verzweifelt allein. Und es war so dunkel, das Gelände so fremd. Sie klammerte ihre Traurigkeit und Furcht an sich – sie waren alles, was sie hatte.

Sie dachte an ihre Familie. So viel Zorn, so viele Tränen, daß sie sie verlassen mußte. Es war so unfair ihnen gegenüber gewesen. Erklärungen hatten sich als nutzlos erwiesen. Nur ihr Mann hatte ihr wirklich Gutes gewünscht und ihr gesagt, sie solle sich keine Sorgen machen, sie würde ihn bald sehen.

Nun, jetzt gab es kein Zurück mehr. Nie wieder. Nie wieder würde sie die vertrauten Dinge sehen, die ihr so viel bedeutet hatten, die Möbel, die sie und ihr Mann im Laufe der Jahre so liebevoll gesammelt hatten. Nie wieder würde sie verbrannten Toast, Gold-lack und Babypuder riechen. Nie wieder die festhalten, berühren, die sie so sehr geliebt hatte. Nie wieder hören, wie der Hund den Briefträger anbellt oder die Milchflaschen klappern, wenn sie vor der Tür abgestellt werden, oder wie die Musik der Kinder hinter ihren geschlossenen Türen hervordröhnt. Daß sie selbst das jetzt vermißte!

So allein.

Die Stimme eines Fremden rief ihren Namen. Ruhig und wirk-lich und irgendwie vertraut. Wo kam sie her? Wer ...?

Sie begann zu rennen, und Kraft strömte durch ihre Muskeln, die sie für verkümmert gehalten hatte. Die Luft roch nach Frühling und nach Meer und nach Frischgebackenem und nach Zuhause. Der Morgen brach an, und die Vögel erwachten.

Und da stand und wartete er. Die Arme ausgebreitet, wartete er auf sie – auf *sie*.

Lachend und weinend rannte sie – und warf sich in die Gebor-genheit seiner Arme.

Alles würde gut werden. Sie war endlich zu Hause.

Und Jesus, den Arm um das frisch eingetroffene Mitglied seiner Familie gelegt, schlenderte mit ihr in den Himmel und stellte sie stolz dem Vater vor, dem sie nie begegnet war, den sie aber sofort erkennen würde.

Das ist die Verheißung. Eine Verheißung eines vorbereiteten Zimmers. Eine Willkommensverheißung. Die Verheißung eines Vaters, den wir erkennen werden, weil wir seinem Sohn begegnet sind.

Aber es ist auch eine Verheißung, daß Jesus denselben Weg gegangen sein wird. Denselben Schritt in die Dunkelheit. Die-selben Gebete, doch die Notwendigkeit dieser Reise wegzuneh-men. Dieselbe Einsamkeit. Er hat den Pfad bereits markiert und die Dornen niedergetreten. Er ist der Weg. Wenn wir dem Pfad fol-gen, auf den er uns geleitet hat, wird er uns entgegenkommen und uns in den Himmel begleiten.

Was für eine Verheißung!

Gebet

Herr, dies ist die schwerste Reise.

Gib denen, die jetzt auf diesem Weg sind, die Gewißheit, daß du bei jedem Schritt bei ihnen bist. Und hilf uns anderen in unserem Zorn und in unseren Tränen. Amen.

»Also hat Gott die Welt geliebt ...«

Wir haben bei unserem Streifzug durch die Bibel den Punkt erreicht, von dem aus wir Jesus bis zu seinem Tod folgen werden. Mein Gebet für uns alle ist es, daß wir die Hand des Vaters halten, während wir uns an alles erinnern, was Jesus für uns durchgemacht hat. Ich schlage das teilweise deswegen vor, weil wir seine Unterstützung brauchen, aber auch, weil dies für uns eine ganz besondere Chance ist, in uns den Gedanken eines verwundbaren Vaters zuzulassen, der um seinen Sohn trauert, doch durch seine Liebe zu uns daran gehindert ist, in den unausweichlichen, grauenhaften Gang der Ereignisse einzugreifen.

Wir haben die Wahl

Johannes 15,12–15

Das ist mein Gebot, daß ihr euch untereinander liebt, wie ich euch liebe.

Niemand hat größere Liebe als die, daß er sein Leben läßt für seine Freunde.

Ihr seid meine Freunde, wenn ihr tut, was ich euch gebiete.

Ich sage hinfort nicht, daß ihr Knechte seid; denn ein Knecht weiß nicht, was sein Herr tut. Euch aber habe ich gesagt, daß ihr Freunde seid; denn alles, was ich von meinem Vater gehört habe, habe ich euch kundgetan.

Wir treten ein in den langen, dunklen Schatten des Kreuzes. Von dem Moment an, als Jesus Jerusalem betrat, war, wie wir wissen, sein Schicksal besiegelt. Er hat seine Wahl getroffen. Er hat »ja« gesagt zu der schwersten Bitte, die jemals an jemanden gestellt wurde. Er selbst hat beschlossen, zu zeigen, daß es das Größte ist, das wir tun können, unser Leben für unsere Freunde hinzugeben.

Wir werden uns nicht zu denen gesellen, die erst am Fuße des Kreuzes eintrafen, als es schon säuberlich dort auf dem Hügel steht. Es ist so leicht für uns, dieses grausige Kapitel im Leben Jesu zu überspringen. In manchen Gemeinden werden wir geradezu dazu ermutigt, uns auf das Happy-End zu konzentrieren. Doch das letzte Kapitel eines Buches zu überspringen, besonderes eines Buches mit einer furchterregenden oder spannenden Handlung, mag vielleicht ungefährlich oder bequem sein, aber es wird uns wenig bedeuten.

Wir müssen uns voll auf die lebendige Hölle jener schrecklichen Woche einlassen. Für eine Weile müssen wir alle Bilder des herrlichen auferstandenen Herrn aus unseren Gedanken verbannen. Hier geht es nicht um einen Schauspieler, der seine Rolle spielt und am Ende seines Arbeitstages in seine Wohnung zurückkehrt und sich zum Abendessen setzt. Hier geht es um die letzten Tage im Leben eines Mannes. Natürlich wissen wir, daß er auch Gott war, aber er hat sich dafür entschieden, so ohnmächtig und verzweifelt zu sein, wie jeder von uns es auch gewesen wäre.

Haben wir den Mut, mit ihm zu gehen? Es scheint nicht zuviel von uns verlangt zu sein, wenn wir bedenken, was er für uns zu tun beschlossen hat. Gehen wir und reihen wir uns in die Menge am Tor Jerusalems ein.

Meditation

Wir gehen in Richtung Jerusalem. Wir sind schweigsam, voller Furcht. Es liegt etwas in der Luft. Eine neue Entschlossenheit in der schweigsamen Gestalt, der wir folgen. Er bleibt stehen. Er blickt nach Jerusalem. Er sagt etwas zu denen, die nahe genug sind, um ihn zu hören. Er scheint zu weinen. Wir haben die Wahl. Wir können mit ihm gehen oder uns einfach abwenden und nach Hause gehen. Nach Hause, wo wir in Sicherheit sind. Wo keine Pharisäer triumphierende Blicke oder geflüsterte Vertraulichkeiten austauschen, wo kein Gestank der Gefahr uns den Atem nimmt. Wir können gehen. Oder wir können folgen. Wir können an der Seite der lieben, vertrauten Person bleiben, die uns so viel Lachen und Freude gebracht hat. Sollen wir folgen? Sollen wir gehen? Wir haben die Wahl. Schließlich sind wir keine Knechte mehr. Wir sind seine Freunde.

Gesucht: ein Esel

Johannes 12,12–19

Als am nächsten Tag die große Menge, die aufs Fest gekommen war, hörte, daß Jesus nach Jerusalem käme, nahmen sie Palmzweige und gingen hinaus ihm entgegen und riefen:

Hosianna!

Gelobt sei, der da kommt in dem Namen des Herrn, der König von Israel!

Jesus aber fand einen jungen Esel und ritt darauf, wie geschrieben steht:

»Fürchte dich nicht, du Tochter Zion! Siehe, dein König kommt und reitet auf einem Eselsfüllen.«

Das verstanden seine Jünger zuerst nicht; doch als Jesus verherrlicht war, da dachten sie daran, daß dies von ihm geschrieben stand und man so mit ihm getan hatte.

Das Volk aber, das bei ihm war, als er Lazarus aus dem Grabe rief und von den Toten auferweckte, rühmte die Tat. Darum ging ihm auch die Menge entgegen, weil sie hörte, er habe dieses Zeichen getan.

Die Pharisäer aber sprachen untereinander: Ihr seht, daß ihr nichts ausrichtet; siehe, alle Welt läuft ihm nach.

Von Kindheit an werden wir gelehrt, daß Jesus gekommen ist, um uns zu retten. Daß er sterben mußte, um uns mit dem Vater zu versöhnen, indem er unsere Sünden auf sich nahm. Doch nicht nur im Tod, sondern auch schon im Leben versuchte er uns zu versöhnen, indem er uns die Wahrheit über den Vater mitteilte, wie und wo immer er konnte. In seinen letzten Tagen der Freiheit sehen wir eine Dringlichkeit, die in der übrigen Zeit seines Dienstes ohne Beispiel ist.

Hier, an dem Tag, den wir heute Palmsonntag nennen, sehen wir, wie er eine große Gelegenheit voll ausnutzt. Er wußte, daß wegen des Passafestes Hunderte von Menschen in Jerusalem sein würden, die von seinem jüngsten Wunder gehört hatten. Er wußte, daß sie in Scharen kommen würden, um den Wundertäter mit eigenen Augen zu sehen (schließlich hatte er unsere menschliche Natur schon immer völlig verstanden). Und er ist fest entschlossen, diese »PR-Gelegenheit« bis ins letzte zu nutzen.

Vor dieser riesigen, Sprechchöre singenden Menge wären Worte ohne Mikrofon nutzlos. Also entscheidet er sich für eine visuelle Veranschaulichung. Kein High-Tech-Spektakel: nur ein kleines Eselsfüllen.

Haben Sie je als Erwachsener auf einem Schaukelpferd gesessen oder sich auf einen Kindergartenstuhl gezwängt? Jeder weiß auch ohne große soziologische Analyse, daß man sich dabei ziemlich lächerlich vorkommt! Warum also hat er das getan – abgesehen davon, daß er den Gelehrten einen kryptischen Hinweis auf seine Identität und der Nachwelt die Gewißheit geben wollte, daß die Schrift sich erfüllt hatte? Der Grund muß wohl in den Worten des betreffenden Abschnittes aus Sacharja zu finden sein. »Fürchte dich nicht, du Tochter Zion! Siehe, dein König kommt und reitet auf einem Eselsfüllen.« Jesus ist offenbar entschlossen, sich – und dadurch den Vater – als verwundbar und zugänglich zu zeigen. Was also ist schiefgegangen? Warum stellen wir ihn auf so vielerlei seltsame Weise dar?

Vor einigen Jahren war ich tief bewegt durch ein Gedicht von Steve Turner mit dem Titel »Wie man Jesus versteckt«. Die Aussage des Gedichtes war, daß wir ihn vor den Massen erfolgreich versteckt haben, nicht indem wir die Bibel wegschließen, so daß die Leute sie nicht lesen können, sondern durch die seltsame Kleidung, Sprache und Verhaltensweise seiner heutigen Repräsentanten.

Kürzlich trafen wir eine Frau, die eine entsetzliche Erfahrung durchgemacht hatte. Man hatte uns erzählt, was ihr passiert war, und wir empfanden großes Mitgefühl mit ihr.

»War es schrecklich für Sie?« fragte ich.

»Nun, eigentlich nicht«, sagte sie mit einem strahlenden Lächeln. »Es war eine Zeit des Wachstums.«

Später fand ich heraus, daß sie niemanden an ihren Schmerz herangelassen hatte, weil sie von Evangelisten dazu erzogen worden war, immer nach Gelegenheiten zu suchen, von den guten Dingen zu erzählen, die Gott in ihrem Leben tat. In ihrem gehorsamen Bestreben, Gott ein gutes Zeugnis auszustellen, hatte sie sich selbst von der Hilfe abgeschnitten, die sie brauchte, und stand nun in Gefahr, daran zu zerbrechen.

Meine Befürchtung ist, daß unser lächerliches Bedürfnis, Jesus durch den − materiellen und emotionalen − Erfolg in unserem eigenen Leben zu repräsentieren, ihn in Wirklichkeit vor denen verbirgt, die ihn brauchen. Nehmen wir an, ich habe mich in eine wirklich schlimme Lage gebracht, und ich bin kein Christ, und ich wohne gleich neben einer Frau, die in all dieser Hinsicht nur Erfolg zu haben scheint. Wie könnte ich ihr je von der schlimmen Situation erzählen, in der ich mich befinde? Sie könnte mich doch nie verstehen: Sie hat ihr Leben ja so gut im Griff. Bestimmt hätte der Gott, dem sie nachfolgt, nichts übrig für eine Versagerin wie mich. Müßte ich nicht eher dazu neigen, bei anderen Sündern oder säkularen Fachleuten Hilfe zu suchen, als bei meiner christlichen Nachbarin?

Wenn ich jedoch wüßte, daß, wie sehr auch *Sie* versagt haben mögen, Gott Sie immer noch liebt und Sie niemals losließ, dann würde ich es vielleicht wagen, zu glauben, daß er mit mir genauso umgehen würde.

Vielleicht müssen wir uns das Äquivalent eines Eselsfüllens suchen, damit die heutigen Töchter (und Söhne) von Zion keine Angst vor ihrem König zu haben brauchen.

Gebet

Lieber Vater,

hilf mir heute, nach Wegen Ausschau zu halten, wie ich deine Liebe denen verkünden kann, die bisher nur die Gerüchte gehört haben. Hilf mir, verwundbar zu sein im Umgang mit denen, die dich noch nicht kennen – damit sie dich in mir sehen können und nicht nur das schlecht gezeichnete Bild von dir, das mein Leben wiedergibt. Hilf mir, von nun an diejenigen, die dich noch nicht kennen, in meinem Leben eine wichtige Rolle spielen zu lassen. Amen.

Hilf uns, Fragen zu stellen

Markus 15,12–16
Pilatus aber fing wiederum an und sprach zu ihnen: Was wollt ihr denn, daß ich tue mit dem, den ihr den König der Juden nennt?
Sie schrien abermals: Kreuzige ihn!
Pilatus aber sprach zu ihnen: Was hat er denn Böses getan?
Aber sie schrien noch viel mehr: Kreuzige ihn!
Pilatus aber wollte dem Volk zu Willen sein und gab ihnen Barabbas los und ließ Jesus geißeln und überantwortete ihn, daß er gekreuzigt werde.
Die Soldaten aber führten ihn hinein in den Palast, das ist ins Prätorium, und riefen die ganze Abteilung zusammen.

Von dem Moment an, als der Richter das Urteil »Du mußt ans Kreuz« sprach, war die Abfolge der Ereignisse vorgezeichnet. Zuerst wurde der verurteilte Mann außer Sicht gebracht.

Wir singen oft »Mit dir will ich gehn, o Herr«. Wenn es Ihnen so geht wie mir, dann stellen Sie sich dabei vermutlich vor, wie Sie in der warmen Nachmittagssonne einen Weg über Land spazieren, Ähren pflücken und dem Meister der Geschichtenerzähler zuhören. Doch mit Jesus in diesen geschlossenen Hof zu gehen und auf die Abteilung der Soldaten zu warten, muß ganz einfach grauenhaft gewesen sein.

Ich frage mich, was die Soldaten wohl sahen, falls sie sich überhaupt die Mühe machten, ihrem Gefangenen ins Gesicht zu sehen. Den Mann, der so männlich war, daß die Nichtreligiösen das Gefühl hatten, ihn auf ein Gläschen in die örtliche Kneipe einzuladen? Den Freund, bei dem Frauen sich frei fühlten, sie selbst zu sein, ohne Gefahr zu laufen, daß sie mißverstanden wurden? Den Erwachsenen, der so vertrauenerweckend war, daß Kinder ihm in die Arme flogen, wann immer sie ihn sahen? Der Mann, dessen Geschichten die Zuhörer so in den Bann zogen, daß die Tempelwächter ohne ihren Gefangenen zu den wütenden Pharisäern zurückkehrten? Ihre einzige Entschuldigung: »Noch nie hat ein Mensch so geredet wie dieser.«

Ich glaube nicht, daß sie irgend etwas davon sahen. Nicht nur, weil Jesus die Machtlosigkeit gewählt hatte, sondern auch wegen der Wirkung, die die Todesstrafe auf diejenigen haben kann, die eng damit zu tun haben. Als sie ihn ansahen, werden sie eine Person gesehen haben, der ihre Identität genommen war, eine Person ohne Rechte, ohne Entscheidungsmöglichkeiten – eher ein Gegenstand als ein menschliches Wesen.

Beängstigend daran ist, daß ich weiß, so sehr ich die Soldaten auch für ihre Reaktion verurteilen möchte, daß auch ich schon Urteile, mit denen Personen belegt wurden, ohne Frage akzeptiert habe. Rufmorde in den Zeitungen können zum Tod einer vielversprechenden Laufbahn, zu emotionalen Torturen, zur Zerstörung von Beziehungen – ja sogar zum Selbstmord führen.

Vielleicht gibt es nichts, was ich dagegen tun könnte, aber was ist mit den Gelegenheiten, wenn ich all das Gute und Wahre, das ich über jemanden weiß, in den hintersten Winkel meines Verstandes drängen lasse, nur um mich an einem deftigen Klatsch zu laben? Oder wenn ich eine erbitterte Darstellung eines Vorfalls akzeptiere, ohne die Tatsachen zu überprüfen?

Jesus machte die römischen Soldaten für ihre Rolle bei seinem Tod nicht verantwortlich. Er sagte: »Vater, vergib ihnen, denn sie wissen nicht, was sie tun.«

Gebet

Lieber Vater,

wenn wir dabeigewesen wären, dann hätte uns vielleicht der Mut gefehlt, für die Wahrheit einzustehen. Hilf uns heute, mit dir in jenen Innenhof zu gehen, uns unserer Angst zu stellen und zu sehen, wie groß deine Angst gewesen sein muß. Es tut uns sehr leid, wo wir nicht genügend in Frage gestellt haben, was wir über jemanden hörten, den wir kennen, wo wir den Gerüchten geglaubt und, schlimmer noch, wo wir sie an andere weitergegeben haben. Was immer wir einem deiner Kinder angetan haben, haben wir Jesus angetan. Vergib uns, Vater. Amen.

Vertuschtes Unrecht

Markus 15,17–19
[Sie] zogen ihm einen Purpurmantel an und flochten eine Dornen-
krone und setzten sie ihm auf und fingen an, ihn zu grüßen:
Gegrüßet seist du, der Juden König! Und sie schlugen ihn mit einem
Rohr auf das Haupt und spien ihn an und fielen auf die Knie und
huldigten ihm.

Dies war das nächste Stadium für den zum Kreuz Verurteilten. Ich glaube nicht, daß mir das bisher bewußt war. Dies war keine Sonderbehandlung für Jesus. Es kam nicht aus einem besonders wütenden Haß. Es war ganz einfach das »Bonbon« für die Soldaten.

Wir haben das schon erlebt. Während des Holocaust, in Kambodscha, in japanischen Kriegsgefangenenlagern, im früheren Jugoslawien. Zweifellos werden wir es wieder erleben. Wenn sie die Erlaubnis bekommen, zu tun, was immer sie wollen, und wenn sie keine persönliche Verantwortung übernehmen müssen, dann sinken Menschen oft zu Ebenen des Verhaltens hinab, die bestialisch sind, unmenschlich. Der Anstrich der Zivilisation, auf den die Gesellschaft so stolz ist, erweist sich als äußerst dünn.

Ist es von Bedeutung, daß es sich hier um römische Soldaten handelt? Angesehene, uniformtragende Angehörige der erfolgreichsten Zivilisation jener Tage? Meist handelt ein Land gerade dann am grausamsten, wenn es am stärksten seine Macht zeigt. Arroganz ist etwas sehr Gefährliches. Sie scheidet uns in unserem Denken von anderen Menschen. Sie verschafft uns die Gelegenheit, zu glauben, daß wir in unserem erhabenen Status niemandem mehr Rechenschaft schulden. Uniformen können dieselbe Wirkung haben. Im schlimmsten Fall können sie dem Träger ein Gefühl der Macht vermitteln, die ihm vorkommt wie eine Erlaubnis, diejenigen zu mißhandeln, die im Rang unter ihm stehen. Ich bin sicher, daß wir alle schon unsere Erfahrungen mit solchen Mini-Hitlers gemacht haben.

Vielleicht ist das der Grund, warum Jesus beschloß, so zu leben, wie er es tat. Das Beispiel des Dienens, das er gab, läßt kaum Raum für Arroganz. Zu keiner Zeit seines Lebens setzte er sich in seiner Lebensweise, seiner Kleidung oder seiner Sprache von seinen Anhängern ab.

Zu wissen, daß wir einem solchen Gott Rechenschaft schuldig sind, kann uns davor bewahren, in die Falle der Gleichgültigkeit gegenüber anderen zu tappen. Kein Wunder, daß Jesus uns zu beten lehrte: »Und führe uns nicht in Versuchung.« Ich glaube wahrhaftig, daß Verwundbarkeit unsere einzige Sicherung gegen die Versuchung zum Machtmißbrauch ist, sei es am Arbeitsplatz, zu Hause bei der Familie oder in einer Situation wie der der römischen Soldaten.

Markus 15,20
Und als sie ihn verspottet hatten, zogen sie ihm den Purpurmantel aus und zogen ihm seine Kleider an.

Wie abscheulich und widerwärtig mir das ist, was da geschah. Warum? Die johlende Meute oder die körperlichen Foltern unseres Erlösers waren doch sicher viel schlimmer. Aber das hier ist mir noch verhaßter, weil es nach einer Vertuschung stinkt. Mein Mann Adrian ist bei einem Vorstellungsgespräch einmal einem Sozialarbeiter begegnet, der eine Technik entwickelt hatte, Kinder mit einem nassen Handtuch so zu schlagen, daß es keine Spuren hinterließ. Vermutlich dachte er, Adrian würde diese Information bei seiner Arbeit mit gestörten Kindern nützlich finden.

Dann ist da eine Freundin von uns, die über lange Zeit hinweg sexuell mißbraucht wurde – es fing an, als sie acht Jahre alt war. Ihr Onkel sicherte sich ihr Schweigen, indem er drohte, er werde ihren Eltern sagen, sie hätte ihn verführt. Jahre später hörte ich sie schluchzen: »Es war alles meine Schuld.« »Wieso ... wieso war es deine Schuld?« fragte ich – und sie sagte mir: »Er hat es gesagt.«

Tief verankert im Denken dieser Frau ist die Gewißheit, daß sie schuldig ist. Kein erwachsenes Argument kann diese tückischen falschen Samen beseitigen, die dort zum Selbstschutz ihres Peinigers gepflanzt und mit der Erde der Geheimhaltung überdeckt wurden.

Als die Soldaten Jesus seine Kleider wieder anzogen und das zerschundene, zerrissene Fleisch ihres Opfers bedeckten, verwischten sie ihre Spuren genauso, wie es offenbar die Polizei im Fall der Mißhandlungen von Birmingham tat. Das Bedürfnis, seine Spuren zu verwischen, ist ein Schuldeingeständnis und hat keinen Platz in einem Justizsystem, das seinen Namen verdient. Was immer hinter den verschlossenen Türen jener Polizeistation in Birmingham oder im geschlossenen Innenhof des Prätoriums geschah, ist nun Geschichte. Doch die kalte Zielstrebigkeit der Vertuschung ist für mich ebenso schwer zu verzeihen wie die feige Drohung, die meine Freundin von ihrem Onkel bekam.

Gebet

Lieber Vater,
    hilf uns, zu hassen, was du haßt, und zu verabscheuen, was du verabscheust. Gib uns Mut, gegen Unrecht aufzustehen und die anzugreifen, die in irgendeiner Weise deine Kleinen ins Straucheln bringen. Lehre uns, genauer auf unser Gewissen zu hören und die Saiten unseres Herzens zu stimmen, damit wir erkennen, wie du die Dinge siehst, die um uns herum vorgehen, und gib uns die Fähigkeit, darauf zu reagieren. Amen.

Einfach dasein

Und sie führten ihn hinaus, daß sie ihn kreuzigten.

Das dritte Stadium. Verurteilt, geschlagen, und nun wird ihm das Kreuz auf die Schultern gelegt, und der lange Weg beginnt. Eine spektakuläre Prozession nach allen Schilderungen. An der Spitze ein Zenturio mit einem Plakat, auf dem das Verbrechen bezeichnet ist. Dann vier Soldaten und, in der Mitte, der Brennpunkt der Aufmerksamkeit, der Mann auf dem Weg zu seinem Tod. Dieser hier war mit einer Peitsche aus Lederriemen mit Metallstücken geschlagen worden.

Als ich ungefähr vierzehn war, ging ich mit den Pfadfinderinnen auf eine Jugendherbergstour. An einem heißen Nachmittag schlief ich auf einer grasigen Böschung vor der Jugendherberge ein. Der Sonnenbrand hielt mich die ganze Nacht über wach, und am nächsten Morgen mußte ich meinen Rucksack auf die Schultern setzen und sieben Meilen bis zur nächsten Jugendherberge wandern. Ich werde es nie vergessen! Mein Rucksack, schwer gepackt mit der nötigen Regenkleidung und klappernd vor Kochgeschirr, Campingbesteck und allen möglichen anderen nützlichen Gerätschaften, scheuerte mir bei jedem Zoll des Weges den Rücken auf. Ich fand das damals schlimm genug. Aber das ist bei weitem kein Vergleich.

Der körperliche Schmerz, diese unhandliche, ungemein schwere Last zu schleppen, wurde durch andere Dinge verstärkt. Die Demütigung, verlacht zu werden, und das Wissen um seinen bevorstehenden Tod, das auf jedem Zoll des Weges buchstäblich auf ihm lastete. Ich habe es nie geschafft, die Erinnerung an jene Familien auf den Schlachtfeldern Kambodschas loszuwerden, die erst ihre

Gräber schaufeln und sich dann davor stellen und warten mußten, bis sie in den Rücken geschossen wurden. Genauso muß es sein, wenn man sein eigenes Kreuz tragen muß. Nicht eine Sekunde lang, während er durch die Straßen der Stadt und schließlich zum Tor hinaus und auf den Hügel stolperte, konnte er von der Realität dessen abgelenkt werden, was seine kurze Zukunft enthielt.

Lukas 23,27
Es folgten ihm aber eine große Volksmenge und Frauen, die klagten und beweinten ihn.

Ich weiß, das ist eine ziemlich feministische Betrachtungsweise, aber ich kann den Gedanken nicht abschütteln:»Gott sei Dank für die Frauen.« Nicht, daß ich den Männern Vorwürfe machen will. Der Mut, den Petrus zeigte, als er diesen Hof betrat, war gewaltig. Und ich kenne keinen Menschen, der nicht in Versuchung gewesen wäre, seine Bekanntschaft mit Jesus zu verleugnen, wenn er vor der sehr realen Möglichkeit gestanden hätte, in dieser verwirrenden und beängstigenden Nacht ebenfalls gefangengenommen zu werden. Die Frauen fühlten sich da gewiß sicherer. Das weiß ich. Ich bin nur so froh, daß sie da waren, offen um ihn trauerten und ihm seinen grausamen Weg ein bißchen weniger einsam machten.

Einfach dazusein kostet meistens weniger an Zeit und Einsatz, als an dem Kreuz eines anderen selbst mit anzufassen, aber es könnte uns genausosehr die Verurteilung durch andere eintragen. Wir tauchen alle gern in der Menge unter. Es ist ungefährlicher, zuzustimmen, daß der und der es nicht besser verdient hat, oder den kollektiven Kopf darüber zu schütteln, wie gewisse Leute, die wir erwähnen könnten, ihre Kinder großziehen.

Ich weiß aus persönlicher Erfahrung, wie es ist, eine Zielscheibe gesellschaftlicher Mißbilligung zu sein. Nichts fällt den Leuten schwerer, als die Depressionen und die zornige Verzweiflung zu verstehen, die jede Art von emotionalem Zusammenbruch begleiten. Ich kann mit Worten nicht ausdrücken, wieviel es mir bedeutete, 1984, als Adrian unter einer solchen Krankheit litt, eine kleine Handvoll von Leuten zu haben, von denen ich wußte, daß sie für uns da waren. Die sich offen um uns kümmerten, ihre Unterstützung für uns hörbar zum Ausdruck brachten, uns nie verurteilten oder uns sagten, was wir tun sollten.

Ja, ich bin sehr froh, daß die Frauen da waren.

Gebet

Lieber Vater,

ich kann nicht fassen, daß du uns so sehr liebst, daß du zugelassen hast, daß Jesus so für uns leiden mußte. Können wir dessen wirklich würdig sein? Wir kennen Leute, die leiden. Hilf uns, mit ihnen durch ihre Wüste zu gehen, so viele glühend heiße Meilen es auch sein mögen. Hilf uns, ihre Brandblasen zu versorgen, ihnen etwas von ihrer Last abzunehmen. Doch vor allem hilf uns, niemals das Ausmaß ihres Schmerzes herunterzuspielen. Amen.

Die Last mittragen

Lukas 23,26
Und als sie ihn abführten, ergriffen sie einen Mann, Simon von Kyrene, der vom Feld kam ...

Hatten Sie je ein Kindheitsidol? Ich schon. Nein, kein Popsänger oder Schauspieler. Es war dieser Mann, Simon von Kyrene! Als Kind ging ich auf eine katholische Grundschule. Manches, was ich dort erlebte, kam mir mit meinem protestantischen Hintergrund ziemlich bizarr vor, aber ich liebte die blumenreichen Prozessionen an den Heiligentagen, und natürlich die schulfreien Tage, die damit verbunden waren!

Ein regelmäßiger Aspekt meines Schulalltags war es, die Kapelle zu besuchen, wo es (wie ich mich zu erinnern glaube) der Gipfel der Tollkühnheit war, den Schwamm mit dem Weihwasser auszudrükken und mit unseren nassen Händen unsere Freundinnen zu bespritzen. Dennoch entwickelte ich mit der Zeit eine tiefe Freude daran, mich dort aufzuhalten. Ich liebte die Farben, die Kerzen und die Kombination der schweren Düfte von Blumen und Weihrauch.

Doch am meisten liebte ich die Stationen des Kreuzweges. Was mich immer zuerst anzog, war die Station, wo Jesus unter dem Gewicht des Kreuzes stolpert und auf seine armen Knie fällt. Mit sieben Jahren verstand ich nicht viel von Auspeitschungen und Opfern, aber ich wußte alles über aufgeschürfte Knie, und ich wußte, wie weh es tat, wenn man etwas Schweres trug und dann mit dem ganzen Gewicht auf die Knie fiel. Ich erinnere mich, wie ich mit dem Finger seine Knie berührte, und an die Tränen, in die ich stets auszubrechen drohte, während ich mir hilflos den Schmerz vorstellte. Dann lief ich weiter zum nächsten Bild, und da war dieser Mann, Simon, der ihm half, die Last zu heben.

Finden Sie es nicht auch amüsant, sich vorzustellen, wie manche dieser biblischen »Nebenfiguren« wohl reagiert hätten, wenn sie herausgefunden hätten, wie berühmt sie einmal werden würden? Simon von Kyrene, das Idol eines molligen kleinen Mädchens im späten zwanzigsten Jahrhundert! Was hätte er wohl gesagt?

... und legten das Kreuz auf ihn, daß er's Jesus nachtrüge.

Der arme Simon! Den ganzen Weg von Kyrene in Nordafrika war er gekommen, um am Trubel des Passafestes teilzunehmen. Wahrscheinlich hatte er eine Ewigkeit für diese Reise gespart! Und jetzt ... was für eine Art, einen Festtag zu verbringen. Warum er? Weiter und immer weiter, durch die Straßen von Jerusalem, vorbei an der höhnenden Menge und schließlich zu den Stadttoren hinaus. Natürlich wäre es ungesetzlich gewesen, einen Mann innerhalb der Grenzen der Stadt zu kreuzigen, das wußte er ... Immer weiter stolperte Simon durch die sengende Hitze, und schließlich den Hügel hinauf. Was würden die Leute denken?

Halten wir einen Moment inne und schöpfen wir Atem. Kennen wir jemanden, der kurz davor ist, unter dem Gewicht des Kreuzes zusammenzubrechen, das er ganz allein trägt? Vielleicht ist es eine Krankheit, eine Depression, eine gescheiterte Beziehung oder Arbeitslosigkeit, vielleicht sogar der Verlust eines geliebten Menschen. Wenn wir die Augen offenhalten, werden wir oft jemanden ganz in unserer Nähe finden. Vielleicht haben wir wie Simon das Gefühl, gar keine Wahl gehabt zu haben, als mitzuhelfen, diese Last zu tragen. Vielleicht hat es jemanden getroffen, der uns so nahe steht, daß wir automatisch mit hineingezogen wurden. Vielleicht haben wir gefragt: »Warum ich?« und empfinden Bitterkeit und Groll.

Oder vielleicht haben wir eine Wahl. Wenn ja, müssen wir sorgfältig überlegen, denn jedes Kreuz muß bis auf die Kuppe des Hügels getragen werden. Wenn wir die Last erst einmal geschultert haben, hat es keinen Zweck, sie schon fünf Meter weiter wieder sinken zu lassen. Es nützt auch nichts, zu hoffen, daß es uns Ehre einbringen wird. Das wird es nicht. Und es hat auch keinen Sinn, von einem zum nächsten zu rennen und ihnen die Kreuze abzunehmen – um sie dann fallenzulassen und davonzulaufen, um wieder einem anderen zu helfen.

Kreuzetragen ist niemals leicht, aber es ist der Weg Jesu, und darin liegt Tag für Tag unsere Chance, dicht an seiner Seite auf dem Weg nach Golgatha zu gehen.

Meditation

Kommen Sie und treten Sie an Jesu Seite. Fühlen Sie, wie das Gewicht Ihres Kreuzes die Haut auf Ihren Schultern aufreibt und sich noch tiefer in die Striemen auf Ihrem Rücken eingräbt.

Spüren Sie, wie das unglaubliche Gewicht des Holzes Ihre Beine zum Einknicken und Zittern bringt.

Sie bleiben einen Moment lang stehen, als eine Welle der Übelkeit Sie auf der staubigen Straße schwanken und stolpern läßt. Sie versuchen, zu erkennen, wo Sie sind, doch das Blut und der Schweiß, die Ihnen durchs verfilzte Haar tropfen, nehmen Ihnen die Sicht.

Sie versuchen etwas zu hören, doch durch das Geschrei und das Getrappel der Pferdehufe können Sie nicht verstehen, was irgend jemand sagt. Sie haben das Gefühl, als ob das Ende käme, als ob Sie zusammenbrechen und gleich hier auf der Straße sterben würden. Sie hören ein merkwürdiges, rasselndes Geräusch, und es dauert ein paar Augenblicke, bis Sie merken, daß es der Klang Ihres eigenen Atems ist.

Sie werden vorwärtsgetrieben, doch Sie stolpern und fallen auf die Knie. Sie fühlen sich seltsam distanziert von sich selbst, als ob Sie dem Leiden eines Fremden zusähen.

Schwärze sickert durch Ihr Gehirn. Plötzlich spüren Sie, wie das ganze Kreuz nach vorn kippt, als ob es ein Eigenleben hätte, und dann merken Sie, wie das Gewicht leichter wird. Sie stehen zitternd auf.

Jemand, den Sie nicht sehen können, hilft Ihnen, Ihr Kreuz zu tragen. Sie gehen langsam weiter, nicht länger allein.

Gebet

Lieber Vater,
  manche von uns sind belastet und schwer beladen. Komm zu uns, wir flehen dich an. Hilf uns, weiterzugehen. Gib uns gerade genug Kraft, um weiterzumachen. Manche von uns kennen jemanden, der eine Last zu tragen hat, die viel zu schwer für ihn allein ist. Gib uns heute den Mut, sie mit anzuheben. Amen.

Eine Möglichkeit zu helfen

Markus 15,22-25
*Und sie brachten ihn zu der Stätte Golgatha, das heißt übersetzt:
Schädelstätte.*
*Und sie gaben ihm Myrrhe in Wein zu trinken; aber er nahm's
nicht.*
*Und sie kreuzigten ihn. Und sie teilten seine Kleider und warfen
das Los, wer was bekommen solle.*
Und es war die dritte Stunde, als sie ihn kreuzigten.

In letzter Zeit ist viel von der immunisierenden Wirkung die Rede
gewesen, die all die Tragödien im Fernsehen auf unsere Emotionen
haben. Wir können nur eine gewisse Menge ertragen, bevor unser
Abwehrsystem in Aktion tritt, um weiteren Schmerz von uns fernzuhalten. Das führt meist zu einem Absterben unserer Fähigkeit zu
reagieren, sei es in Form von abgebrühtem Zynismus oder bewuß-
tem Abschalten. Bei manchen Leuten löst ihre Unfähigkeit, die
Umstände zu verändern, die sie vor sich sehen, ohnmächtige Verzweiflung aus.

Über den Tod Jesu ist schon so viel gesagt und geschrieben worden, daß unsere Reaktion auf ähnliche Weise beeinträchtigt sein
könnte, und wenn ich daran denke, wie er dort hing, überkommt
mich Hilflosigkeit.

Ich kann dieses Kapitel aus seinem Leben nicht streichen,
genausowenig, wie ich als kleines Mädchen, das jene Stationen des
Kreuzweges betrachtete, mit Küssen seine armen Knie wieder heilen konnte.

Doch vielleicht hat Jesus uns einen Weg geschenkt, in seine
Tragödie mit einzutreten. Wenn Christus, wie Mutter Teresa glaubt,
wirklich in jeder leidenden Seele zu finden ist, dann liegt dort

unsere Chance, jene Knie zu verbinden, das Gewicht von jenen
blutenden Schultern zu nehmen und ganz am Ende für ihn dazusein.

Es ist eine herrliche Gelegenheit. Ergreifen wir sie!

Gebet

Lieber Vater,

danke für die vielen Gelegenheiten, die wir haben, unserer leidenden Welt zu helfen. Hilf uns, den richtigen Weg zu finden, um
etwas zu verändern, und die Gelegenheit zu ergreifen, was auch
immer es uns kosten mag. Amen.

Wenn die Hoffnung dahin ist

Johannes 19,25–28.30.38

Es standen aber bei dem Kreuz Jesu seine Mutter und seiner Mutter Schwester, Maria, die Frau des Klopas, und Maria von Magdala.

Als nun Jesus seine Mutter sah und bei ihr den Jünger, den er lieb hatte, spricht er zu seiner Mutter: Frau, siehe, das ist dein Sohn!

Danach spricht er zu dem Jünger: Siehe, das ist deine Mutter! Und von der Stunde an nahm sie der Jünger zu sich.

... Jesus wußte, daß schon alles vollbracht war, ... und neigte das Haupt und verschied. ...

Danach bat Josef von Arimathäa, der ein Jünger Jesu war, doch heimlich, aus Furcht vor den Juden, den Pilatus, daß er den Leichnam Jesu abnehmen dürfe. Und Pilatus erlaubte es. Da kam er und nahm den Leichnam Jesu ab.

Du warst dort. Standest mit den anderen Frauen dicht beim Kreuz. Treu bis zum letzten Ende. Was hast du empfunden? Du sahst deinen erstgeborenen Sohn dort hängen, geschlagen, verwundet, gedemütigt bis zur Schande. Hast du dich gefragt, ob denn die Prophezeiung wahr sei, die du empfangen hattest? »Er stößt die Gewaltigen vom Thron«? Damit war jetzt kaum noch zu rechnen. Simeons »Schwert«, das durch deine Seele dringen würde, war da schon zutreffender.

Dachtest du zurück an seine Geburt, an die Hirten, an die Könige? Seine ersten unsicheren Schritte, seine ersten Worte? Oh, Maria, was hast du empfunden? Glaubtest du, du hättest versagt? Daß er jetzt außer Gefahr wäre, wenn du nur in der Lage gewesen wärst, dich der anstürmenden Flut entgegenzustemmen? Schaltest du dich selbst dafür, die Zeichen nicht früher erkannt zu haben? Wünschtest du, Josef wäre an deiner Seite, damit du dich an ihn lehnen könntest? Versuchtest du, für deinen sterbenden Sohn stark zu sein, oder weintest du hilflos in den Armen deiner Schwester? Wie war es für dich, Maria Magdalena dort zu haben? Wart ihr Freundinnen, oder repräsentierte sie für dich die Lebensweise, die deinen Sohn zu diesem furchtbaren Ende gebracht hatte? Wir werden es niemals wissen. Alles, was wir wissen, ist, daß du dort warst, mit den Frauen. Wie Anne aus Jane Austens *Überredungskunst* sagt: »Das einzige Privileg, das ich für mein eigenes Geschlecht beanspruche, ist es, am längsten zu lieben, wenn die Existenz oder wenn die Hoffnung dahin ist.«

Die Rolle der Eltern hat zu allen Zeiten auch darin bestanden, dazusein, wenn unsere Kinder durch ihre schlimmsten Zeiten gehen. Oft ist das alles, was wir tun können. Als Adrian und ich noch mit Heimkindern arbeiteten, sahen wir so viele große, klaffende Löcher in ihrem Innern, die voller Erinnerungen daran hätten sein sollen, geliebt zu werden. Das ist es, was wir in den Kindheitsjahren für unsere eigenen Kinder tun können. Wir können alle Fehler der Welt machen, aber wenn wir sie mit Liebe überschüttet haben, haben wir nicht völlig versagt.

Dann müssen wir sie gehen lassen. Ein schmerzhafter, zerreißender Schritt, mit dem wir uns vermutlich niemals ganz aussöhnen. Wir müssen am Bühnenrand ihres Lebens stehen, ihnen unsere Unterstützung zuraunen, manchmal unsere Eifersucht oder unsere Kritik an ihrem Spiel und an jenen, denen sie die Hauptrollen in ihrem Leben gegeben haben, herunterschlucken. Dann und nur dann haben wir uns das Recht verdient, in ihren schlimmsten Stunden dort zu stehen. Am Kreuz dabeizusein. Danke, Maria. Du stehst mir vor Augen als das beste Vorbild der Elternschaft.

Gebet

Lieber Vater,

danke für das Beispiel der Frau, die du als Mutter deines Sohnes auserwählt hast. Du hast wahrhaftig gewußt, was du tatest! Hilf uns, von ihr zu lernen. Zu lernen, wie wir dasein können für die, die wir lieben, was es auch kosten mag. Amen.

Matthäus 28,1–10

Als aber der Sabbat vorüber war und der erste Tag der Woche anbrach, kamen Maria von Magdala und die andere Maria, um nach dem Grab zu sehen.

Und siehe, es geschah ein großes Erdbeben. Denn der Engel des Herrn kam vom Himmel herab, trat hinzu und wälzte den Stein weg und setzte sich darauf. Seine Gestalt war wie der Blitz, und sein Gewand weiß wie der Schnee. Die Wachen aber erschraken aus Furcht vor ihm und wurden, als wären sie tot.

Aber der Engel sprach zu den Frauen: Fürchtet euch nicht! Ich weiß, daß ihr Jesus, den Gekreuzigten, sucht. Er ist nicht hier; er ist auferstanden, wie er gesagt hat. Kommt her und seht die Stätte, wo er gelegen hat; und geht eilends hin und sagt seinen Jüngern, daß er auferstanden ist von den Toten. Und siehe, er wird vor euch hingehen nach Galiläa; dort werdet ihr ihn sehen. Siehe, ich habe es euch gesagt.

Und sie gingen eilends weg vom Grab mit Furcht und großer Freude und liefen, um es seinen Jüngern zu verkündigen. Und siehe, da begegnete ihnen Jesus und sprach: Seid gegrüßt! Und sie traten zu ihm und umfaßten seine Füße und fielen vor ihm nieder. Da sprach Jesus zu ihnen: Fürchtet euch nicht! Geht hin und verkündigt es meinen Brüdern, daß sie nach Galiläa gehen: dort werden sie mich sehen.

Heute haben wir eines der herrlichsten Durcheinander im ganzen Neuen Testament. Man hätte denken können, daß die Berichte über diesen Tag aller Tage übereinstimmen müßten! Doch alle Evangelienschreiber haben eine andere Geschichte, einen anderen Schwerpunkt. Wir haben Steine, die weggewälzt werden, oder gar keinen

Stein, wir haben einen Engel oder zwei, mehrere verschiedene Frauen, die die gute Nachricht entweder weitergeben oder nicht, und einen ganzen Haufen Jünger, die sie entweder glauben oder nicht!

Wäre es nicht vernünftiger gewesen, es bei einer Geschichte zu belassen, Gott? Doch was uns das zeigt, ist, daß jeder Anteil daran haben wollte, und ich bin sicher, daß jeder jemanden kannte, der jemanden kannte, der dabei war – und das ist die wunderbare Wahrheit, die sie alle gemeinsam haben –, als Jesus ins Leben zurückkehrte. Aber wissen Sie, wenn wir diese herrliche Wahrheit betrachten, müssen wir sie in ihrem gesamten Zusammenhang sehen. Maria Magdalena wird ihre kostbaren Erinnerungen haben – und ich liebe Jesus so sehr dafür, daß er ausgerechnet einem seiner liebsten gesprungenen Gefäße diese besondere Aufmerksamkeit zuwendet. Petrus und Johannes werden ihre eigenen Geschichten haben. Selbst die römischen Soldaten hatten etwas zu erzählen.

Aber wir sind am besten dran, weil wir alle Berichte haben. Wir haben die rückblickenden Erinnerungen des Petrus zur Zeit des ersten Pfingsten – und wir haben die überwältigende Offenbarung an Johannes, daß der Jesus, der zurückkam, wahrhaftig der auferstandene Herr in all seiner Herrlichkeit ist.

Offenbarung 1,12–18

Und ich wandte mich um, zu sehen nach der Stimme, die mit mir redete. Und als ich mich umwandte, sah ich sieben goldene Leuchter und mitten unter den Leuchtern einen, der war einem Menschensohn gleich, angetan mit einem langen Gewand und gegürtet um die Brust mit einem goldenen Gürtel.

Sein Haupt aber und sein Haar war weiß wie weiße Wolle, wie der Schnee, und seine Augen wie eine Feuerflamme und seine Füße wie Golderz, das im Ofen glüht, und seine Stimme wie großes Wasserrauschen; und er hatte sieben Sterne in seiner rechten Hand, und aus seinem Munde ging ein scharfes zweischneidiges Schwert, und sein Angesicht leuchtete, wie die Sonne scheint in ihrer Macht.

Und als ich ihn sah, fiel ich zu seinen Füßen wie tot; und er legte seine rechte Hand auf mich und sprach zu mir: Fürchte dich nicht!

Ich bin der Erste und der Letzte und der Lebendige. Ich war tot, und siehe, ich bin lebendig von Ewigkeit zu Ewigkeit und habe die Schlüssel des Todes und der Hölle.

Und für mich ist das die beste Wahrheit von allen. Allmächtig ist er, der vor der Tür unseres Herzens steht und anklopft. Er, der in das Haus unseres Lebens kommen möchte, damit wir mit ihm essen und er mit uns. Der auferstandene Herr der Herrlichkeit, dessen Gesicht leuchtet wie die Sonne. Der Heilige Gottes, unser Schöpfer und unser liebster Freund.

DIENSTANWEISUNG FÜR EINEN UNTERTEUFEL